Kathrin Bender

Veilchen, Farn & Ringelblumen

Gestalten mit gepressten Pflanzen

Kathrin Bender

Veilchen, Farn & Ringelblumen

Gestalten mit gepressten Pflanzen

Verlag Freies Geistesleben

INHALT

EINLEITUNG

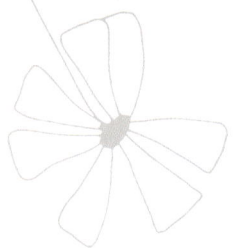

Ich war ungefähr sieben oder acht Jahre alt, als ich meine erste Blumenpresse von meiner Patentante geschenkt bekam.

Meine Eltern sind passionierte Wanderer und Spaziergänger, und so wurde ich häufig dazu überredet, mit ihnen, Oma und dem Hund lange Ausflüge durch Wiesen und Wälder zu unternehmen. Um der Langatmigkeit dieser Unternehmungen zu entgehen, fing ich an, Moose unter die Lupe zu nehmen, Blätter zu sammeln und Flechten zu sortieren, die Wegesränder zu erkunden, über die Wiesen zu laufen, mich hier und da und dort zu bücken und Sträußchen zu pflücken. Meine Großmutter, die für den Zweifelsfall immer ein Pflanzenbestimmungsbuch zur Hand hatte, erklärte mir anschließend, was ich da so alles gesammelt hatte: Wiesenschaumkraut, Taubnessel, Butterblumen, Wiesenkümmel, Kornblumen, was es eben so gab. Vieles davon ist mir im Kopf geblieben. Das Wiesenschaumkraut ist bis heute eng mit der Erinnerung an meine Großmutter verknüpft.

Einige der Blumen sind damals in meiner Blumenpresse gelandet, die anderen in zahlreichen Vasen.

Noch heute komme ich von jeder Wanderung, von jedem Spaziergang und sogar von jedem Gang in den Garten oder auf den Balkon mit Pflanzen zurück.

Die Blumenpresse meiner Tante war zwar sehr praktisch und robust – sie hat all die Jahre gut überstanden und funktioniert bis heute einwandfrei –, eine Schönheit auf dem Schreibtisch war sie allerdings nicht. Ein bisschen zu bunt, zu grell, zu kindlich. So entstand vor einigen Jahren

der Wunsch – inzwischen ausgebildete Designerin – eine eigene Presse zu entwerfen. Eine, die nicht nur praktisch in der Handhabung ist, die man von der Größe her überallhin mitnehmen kann und die in Handtasche oder Rucksack passt, sondern die vorallem schön schlicht gestaltet und nachhaltig produziert ist.

Diese Blumenpresse ist mittlerweile zum Bestseller in meinem Sortiment geworden und wird in die ganze Welt verkauft.

Als Geschenk für die Freundin, die Kinder, an Hobbygärtner oder blumenliebende Menschen. Häufig erinnern sich auch Leute beim Anblick «meiner» Blumenpresse an jene, die sie als Kind besaßen oder die vielleicht immer noch irgendwo auf einem Dachboden herumliegen. Und sie erinnern sich voll Freude an das mit der Benutzung der Presse verbundene Tun: ans Pflücken, Sortieren und Pressen; an einen Prozess, der Zeit, Sorgfalt und Geduld erfordert und zugleich die Schönheit der Natur in die eigenen Hände legt.

Immer wieder erreicht mich aber auch die Frage: «Was mache ich denn dann mit den Blumen, wenn ich sie gepresst habe?»

Um genau die Frage zu beantworten, ist dieses Buch entstanden! Denn zum Herumliegenlassen sind die gepressten Schönheiten viel zu schade.

Es gibt so viele tolle und unterschiedliche Verwendungsmöglichkeiten von gepressten Blumen, die weit über das Sammeln und Katalogisieren in einem klassischen Herbarium hinausgehen und die uns wieder in den sorgsamen und kreativen Prozess bringen, der die Natur mit unseren Händen verbindet.

Auf den nächsten Seiten finden sich nun also, nach einer Einführung in das Blumenpressen im Allgemeinen, zahlreiche Ideen und Anleitungen für die Verwendung von gepressten Blüten und Blättern. Von Doppelglasrahmen über Geschenkanhänger, Mobiles und Schmuck bis hin zu Badekugeln und Torten. Ein Herbarium ist natürlich auch dabei.

Über das Blumenpressen

Die eine oder andere Blume hat vermutlich jeder schon einmal gepresst. Ob in einer richtigen Blumenpresse, zwischen Buchseiten oder auf anderen Wegen. Ich presse meine Blumen am liebsten in einer richtigen Blumenpresse zum Schrauben. Damit erziele ich die besten Ergebnisse. Falls gerade keine Presse zur Hand ist oder die Pflanzen zu groß sind, behelfe ich mir auch mit dicken Büchern oder Holzplatten.

Eine richtige Blumenpresse bietet erstens den Vorteil, dass das Arbeitsmaterial – nämlich Pappen und saugfähiges Papier – für den Einsatz bestens geeignet ist. Zweitens ist die Methode sehr schonend, denn sie presst die Pflanze langsam und ohne Einsatz von Hitze. Und drittens kann man mit den Schrauben nachjustieren, was gerade bei dickeren Pflanzen, die besser in Stufen gepresst werden, wichtig ist. Im Internet findet man viele Anleitungen zum Blumenpressen mithilfe eines Bügeleisens oder der Mikrowelle; ich stelle diese Methode auch auf den Seiten 22 und 23 vor.

Ich habe beides mit unterschiedlichen Pflanzen ausprobiert, aber für mich festgestellt, dass das Ergebnis nicht mit dem aus der Presse konkurrieren kann. Nicht nur, dass die Wärme so manche Blüte verfärbt, einige hat es auch gänzlich ruiniert. Außerdem ist der Geruch, der durch das Pressen mit Hitze entsteht, nicht immer angenehm.

Eine Pflanze braucht Zeit zum Wachsen und Gedeihen. Das Pressen wiederum braucht Zeit, um die Pflanzen schonend zu trocknen und zu konservieren.

Was passiert beim Pressen?

Der Pflanze wird durch das Pressen Wasser entzogen, dadurch
schrumpft sie nicht nur in ihrer Struktur, sie wird auch haltbar gemacht. Das saugfähige Material wie Lösch- oder Küchenpapier nimmt
die entzogene Feuchtigkeit auf, während die Pappe dafür sorgt, dass
die Form der Pflanze trotzdem erhalten bleibt.

Dauert der Pressvorgang zu lange und ist dabei die Feuchtigkeit in der
Presse zu hoch, kann es nicht nur passieren, dass die Blüte ihre Farbe
verändert oder im schlimmsten Fall auseinanderfällt, es kann auch zu
Schimmelbildung in der Presse kommen.

Grundsätzlich gilt: Je frischer die Pflanze in die Blumenpresse kommt
und je schneller sie getrocknet wird, desto besser ist die Qualität der
gepressten Pflanze.

Welche Pflanzen können gepresst werden?

Das beste Prinzip ist «trial and error.» Allerdings kann man von
vorneherein einige Pflanzen ausschließen: Zu dicke Exemplare wie
Sonnenblumen, Dahlien und Echinacea sowie Zweige von Nadel-
bäumen oder Sukkulenten lassen sich einfach nicht gut pressen. Je
flacher die Pflanze ist, desto besser kann man sie pressen.

Aber auch bei den «flachen» Pflanzen eignen sich nicht alle: manch
eine fällt auseinander, andere werden blass in der Farbe (Glockenblumen neigen dazu) oder sogar braun. Blüten wie die des Schmetter-
lingsmagnets Sommerflieder sind so ein schwieriger Fall: Sie verlieren
fast komplett ihre schöne Färbung beim Pressen und werden grau und
unansehnlich.

Wichtig ist aber in erster Linie die Konsistenz der Pflanze, bevor sie in
die Presse kommt.

Wann werden Pflanzen gepflückt?

Die Pflanzen sollten frisch und trocken sein, nicht feucht von Regen oder Tau. Aber auch das Pflücken in der prallen Mittagssonne ist nicht empfehlenswert. Wer auf einem Spaziergang unterwegs ist – und nicht zufälligerweise eine Pflanzenpresse in der Tasche hat –, pflückt die Blumen am besten auf dem Rückweg, dann ist die Chance größer, dass sie frisch bleiben und nicht auf dem Weg nach Hause schlapp-machen. Sollte das doch der Fall sein, kann man versuchen, sie wieder aufzupäppeln: einfach anschneiden und in eine Vase stellen. Mit etwas Glück erholt sich die Blume wieder und kann anschließend gepresst werden. Verwelkte Pflanzen eignen sich nicht.

Alternativ kann man die Pflanzen in einer Tüte oder in Zeitungspapier eingeschlagen nach Hause transportieren. Die beste Transportmög-lichkeit bis zur Presse wäre eine sogenannte «Botanisiertrommel», aber die besitzen vermutlich nur wenige Menschen.

Welche Pflanzen werden gesammelt?

Als Erstes gilt es zu beachten, dass nicht überall gesammelt werden darf. Pflanzenschutzgebiete sind genauso wie Privatgärten tabu. Aber auch viele öffentliche Grünflächen stehen unter Schutz und sind somit nicht zum Blumenpflücken geeignet.

Geschützte und gefährdete Arten (Rote Liste) in freien Bereichen fallen natürlich ebenfalls weg. Es heißt also, achtsam in der Umge-bung unterwegs zu sein und auf Hinweisschilder zu achten.

Auch Pflanzen, die von Insekten befallen sind, sollte man meiden. Sorten, die an dem Standort nur in geringer Stückzahl vorkommen, sollten zudem stehen bleiben. Es wäre schade, alle zu pflücken. Andere möchten sich schließlich auch daran erfreuen.

Ansonsten heißt es im Zweifel: fragen! So kommt man über schöne Pflanzen mit vielen netten Menschen ins Gespräch.

Blumen pressen mit der Blumenpresse

Material
- Pflanzen
- Blumenpresse
- Pflanzenschere
- Pinzette

Aller Anfang ist in diesem Fall sehr leicht, denn zum Blumenpressen gehört nicht viel: ein paar Blumen, eine Presse und Sorgfalt.

Die Pflanzen sollten frisch, aber nicht feucht in die Presse gelegt werden. Hier gilt: Je sorgfältiger und ordentlicher die Pflanze zwischen das Papier gelegt wird, desto schöner wird das Ergebnis.

Auch wenn ein ganzer Strauß gepresst werden will: Man sollte sich Zeit für jede einzelne Blüte nehmen. Es lohnt sich. Sorgfältiges Arbeiten wird mit schöneren Ergebnissen belohnt.

Geöffnete Blüten werden am besten kopfüber in die Presse, sprich mit der offenen Seite nach unten, gelegt.

Große Blütenstände wie die der Hortensien lassen sich im Ganzen nur mit Aufwand und mehr Zeit pressen. Hier macht es Sinn, die Blüten vor dem Pressen abzutrennen, vom Stängel separat zu pressen und nachher, wenn gewünscht, auf dem Bild wieder zusammenzufügen.

Der Einsatz einer Pinzette ist ratsam, um widerspenstige (Blüten-) Blätter zu richten und in die richtige Form zu bringen. Das bedeutet mitunter etwas Fummelei, aber diese lohnt sich durchaus!

Unnötige oder beschädigte Pflanzenteile werden vor dem Pressen abgeschnitten.

Um die einzelnen Blüten oder Pflanzen lässt man genügend Platz, damit die verschiedenen Exemplare beim Pressen nicht mit anderen in Berührung kommen und verkleben.

Durchschnittlich dauert das Pflanzenpressen 2 bis 5 Tage. Je fleischiger die Pflanze ist, desto länger muss sie gepresst werden. Bei besonders kräftigen Exemplaren empfiehlt es sich, das Papier zwischendurch zu wechseln und die Presse noch mal festzuziehen.

Stellt man beim Öffnen der Presse fest, dass die Pflanzen noch nicht durchgetrocknet sind, werden sie einfach so lange weitergepresst, bis sie fertig sind.

Blumen pressen mit dem Bügeleisen

Material
- Pflanzen
- Bügeleisen
- saugfähiges Papier
- altes Tuch

Wenn man nicht so lange warten möchte, wie es braucht, Blumen in der Presse zu pressen, kann man sich mit einem Bügeleisen behelfen.

Die frischen, aber trockenen Pflanzen werden zwischen zwei Lagen saugfähigem Papier ausgebreitet. Offene Blüten kopfüber legen, ausrichten und leicht andrücken. Das zweite Blatt und das Tuch darüberlegen.

Das Bügeleisen aufheizen, die Dampffunktion ausschalten. Die Pflanzen heiß und mit etwas Druck 1 bis 3 Minuten lang bügeln. Unbedingt an einer Blüte ausprobieren, bevor man in die «Massenproduktion» einsteigt. Nicht jede Pflanze eignet sich für diese Art der Konservierung. Sehr empfindliche Blüten wie Glockenblumen oder Hortensien können leicht ihre Färbung verlieren oder braun werden.

Blumen pressen mit der Mikrowelle

Noch eine schnelle Methode, wenn die Zeit zum Pressen fehlt.

Auch mithilfe der Mikrowelle lassen sich Pflanzen schnell und ohne viel Aufwand pressen. In wenigen Minuten werden aus frischen Blumen gepresste Schönheiten.

Als Unterlage dient eine hitzebeständige Kachel oder Glasscheibe, darauf wird eine Schicht saugfähiges Papier gelegt und darauf die Pflanzen. Auch hier lohnen die sorgfältige Anordnung und das eventuelle Justieren einzelner Blätter mit Fingern oder Pinzette. Eine zweite Schicht Papier und eine weitere Kachel auflegen.

Dieses «Sandwich» in die Mikrowelle legen und bei mittlerer Temperatur 1 bis 2 Minuten erhitzen. Flache Pflanzen und Blätter brauchen weniger Zeit, während Pflanzen mit ausgeprägtem Blütenstand etwas mehr benötigen. Lieber erst mal weniger Sekunden einstellen als zu viel. Auch hier gilt: Testen lohnt sich.

Material
- Pflanzen
- Mikrowelle
- zwei hitzebeständige Kacheln oder Glasscheiben
- saugfähiges Papier
- altes Tuch

Über das Kleben

Material
- gepresste Pflanzen
- Kleber – Flüssigkleber, Decoupage-Kleber, Klebestift, Sekundenkleber, Masking-Tape
- Pinsel
- Pinzette
- Schmierpapier

Kleben ist die beste Methode, gepresste Pflanzen weiterzuverarbeiten und in allen möglichen Varianten zu dekorieren.

Welche Art Kleber gewählt wird, hängt ganz vom Projekt und dem entsprechenden Untergrund ab. Alle haben ihre Vor- und Nachteile bzw. besonderen Einsatzbereiche.

Wichtig beim Aufkleben von Pflanzen ist vor allem, dass der Klebstoff transparent ist und keine Flecken auf den Pflanzen hinterlässt. Wird die Pflanze auf Papier aufgeklebt, ist man mit Decoupage-Kleber oder Masking-Tape in den meisten Fällen sehr gut bedient.

Ersterer, flächig aufgetragen, sorgt dafür, dass die Pflanze gleichmäßig und flach angeklebt ist. Beim Fixieren mit Masking-Tape bleibt immer Spielraum, die Pflanze bleibt ein dreidimensionales Objekt. Beide Methoden eignen sich am besten für Papier.

Flüssigkleber dagegen eignet sich für glattere Untergründe wie beschichtete Papiere oder Kunststoff.

Vorsicht hierbei: Nicht jede Pflanze verbindet sich unbeschadet mit dem Klebstoff, auch wenn er keine Lösungsmittel enthält.

Empfindliche Exemplare können sich verfärben. Daher unbedingt vor dem eigentlichen Arbeiten einen Test machen.

Klebestifte sind die Alternative zu Flüssigkleber und oftmals weniger aggressiv. Allerdings muss man beim Arbeiten mit dem Stift besonders vorsichtig sein, denn gepresste Pflanzen sind sehr empfindlich und können beim Bestreichen leicht abbrechen.

Sekunden- oder Kraftkleber kommen dagegen nur selten zum Einsatz und eignen sich eher für Arbeiten mit offenporigen Untergründen wie beispielsweise mit Modelliermasse.

Prinzipiell gilt es, sorgfältig und vorsichtig zu arbeiten. Gepresste Pflanzen sind fragile Objekte, die bei grober Behandlung leicht beschädigt werden. Das Benutzen von Pinsel und Pinzette klingt vielleicht auf den ersten Blick überflüssig, hat sich aber bewährt.

Wiesen Flocken blume
(Centaurea jacea)

☀ 30-80 cm mehrjäh[rig]

Blüte: Juli - August
Aussaat: ab Mai ins Freiland

Heller Standort. Am besten
Beet oder Schutzrand.
Anspruchslos, kräftig.
Gehört zur Familie der Aster-
gewächse.
Gut durchlässiger, humoser
Boden. Relativ nährstoffreich
Wenig düngen!
Sät sich selber aus, bienen-
freundlich!
Welke Blüten entfernen.

HERBARIUM & CO.

Herbarium

Das klassische Herbarium dient der Bestimmung und Klassifizierung von Pflanzen. Bereits im 16. Jahrhundert wurden Herbarien im Zuge der Gründung von Botanischen Gärten angelegt.
Natürlich muss man sich nun nicht zwangsläufig der wissenschaftlichen Beschäftigung verschreiben, will man ein Herbarium anlegen, auch für Hobbybotaniker und Kinder ist es ein tolles Lehrbuch.

Als Erstes sollte man sich überlegen, wozu das Herbarium angelegt werden soll. Möchte man die Pflanzen in seiner Umgebung kennen und bestimmen lernen, möchte man «nur» Pflanzen sammeln oder sich einer bestimmten Art verschreiben?
Dann wird festgelegt, welche Merkmale im Herbarium notiert werden sollen.

Material
- gepresste Pflanzen aller Art
- dicke Kladde
- schmales Masking-Tape
- Stift
- Pflanzenbestimmungsbuch
- Etiketten

Tipp
Für einen schönen Vintage-Look lohnt es sich, die Etiketten auf einer alten Schreibmaschine zu tippen. Geht aber auch mit einer Typewriter-Schrift auf dem Computer.

Klassischerweise sind das neben dem deutschen Namen auch der lateinische Name, die Pflanzenfamilie, die Blütezeit, die Farbe der Blüte, der Fundort, das Funddatum und Besonderheiten wie beispielsweise die Unterscheidung von giftigen Doppelgängern oder die Herkunft des Namens. Inhaltsstoffe und Verwendung sind auch sehr interessante Punkte, wenn man sich für nutz- und essbare Exemplare oder Heilpflanzen interessiert.

Unerlässlich für das Anlegen eines Herbariums ist ein ausführliches Pflanzenbestimmungsbuch.

Üblicherweise werden die Pflanzen in einem Herbarium in unterschiedliche Kategorien unterteilt: Blütenpflanzen, Bäume und Sträucher sowie Gräser. Das kann Grundlage sein, muss es aber nicht.

Nun beginnt man mit dem Einkleben der Pflanzen und dem Beschriften. Jede Pflanze bekommt ein Etikett, das mithilfe des Bestimmungsbuchs ausgefüllt wird. Wer möchte, fügt noch handschriftliche Notizen direkt neben der Pflanze hinzu.

Der schöne Nebeneffekt einer solchen Sammlung ist, dass der Blick geschärft wird und man beim nächsten Ausflug in die Natur wieder ein Grün mehr identifizieren kann.

Dt. Name: Wiesen-Kümmel
Lat. Name: Carum carvi
Familie: Doldengewächse
Blüte: Mai - Juli
Fundort: Vettelhoven
Datum: 5. Juni 2018

Naturskizzen

Material
- gepresste Pflanzen mit Stiel
- Masking-Tape
- Skizzenbuch im Querformat

Bevor ich anfing, gepresste Pflanzen in Herbarien und Gartenbücher zu sammeln und katalogisieren, habe ich ein einfaches Skizzenbuch benutzt, indem ich alle gepressten Pflanzen und Blüten gesammelt habe, die nicht anderweitig zur Verwendung kamen.

Diese «Naturskizzen» sind bei mir immer noch im Einsatz. Mittlerweile sind es mehrere Bücher geworden, gefüllt mit Blüten, Blättern und Zweigen aller Art. Hin und wieder nehme ich eine Pflanze heraus, arrangiere Seiten neu und habe damit immer eine schöne Übersicht, welche gepressten Pflanzen ich «auf Lager» habe. Außerdem macht alleine schon das Durchblättern der Schätze große Freude!

Ein querformatiges Skizzenbuch bietet sich für diesen Zweck besonders an, da man so feinere oder kleinere Pflanzen zu schönen Zusammenstellungen auf einer Seite arrangieren kann. Ist das Blatt oder die Pflanze größer, kann man das Blatt auch im Hochformat nutzen.

Die Pflanzen und Zweige werden in einer Reihe aufs Blatt gelegt und mit einem langen Streifen Masking-Tape vorsichtig nacheinander fixiert.

Das Tape bietet den Vorteil, dass es rückstandsfrei ablösbar ist und einzelne Pflanzen herausgenommen oder neu arrangiert werden können.

Zusammenstellungen sind in allen Variationen
möglich: nach Pflanzengattungen, nach Fund-
orten, nach Farben sortiert oder einfach quer-
beet gemischt, wie die Pflanzen gerade aus der
Presse kommen.

Diese Art der Aufbewahrung bereitet nicht
nur Freude beim Durchblättern und Betrach-
ten der Seiten, sondern ist zugleich auch
eine praktische, unaufwendige und sichere
Methode, um die gepressten Exemplare an
einer Stelle zu sammeln und bei Bedarf zur
Verfügung zu haben.

Gartenbuch

Wie oft habe ich schon Pflanzen gesät, gekauft, eingegraben und dann vergessen, wo ich was eingepflanzt habe. Gerne über den Winter hin, erinnerte mich nicht mehr, ob in dem Topf etwas Einjähriges war oder mit welcher Wuchshöhe ich rechnen musste. Oder ich konnte mir die Namen partout nicht merken. Damit das in Zukunft nicht mehr vorkommt, habe ich mir ein Gartenbuch angelegt. Hier notiere ich übers Jahr hin alle Pflanzen, die ich auf meinem Balkon oder im Garten habe, mit Standort, Pflege und Besonderheiten. Und natürlich mit einem «Bild» in Form einer gepressten Pflanze.

Dieses Projekt ist ein ganzjähriges und immer wieder erweiterbares. Je nach Pflanzraum, den man zur Verfügung hat, ob Garten, Balkon oder Fensterbank, kann so ein Buch recht umfangreich ausfallen. Am besten beginnt man schon am Anfang des Jahres damit, die ersten Frühblüher zu pflücken und zu pressen und arbeitet sich so durch das ganze Jahr.

Das Gartenbuch kann man jahreszeitlich, alphabetisch oder nach Standort aufbauen.

Vorab gilt nur zu überlegen, welche Punkte für einen selbst wichtig sind. Interessiert man sich nicht für die lateinischen Namen der Pflanzen, braucht man sie natürlich auch nicht zu notieren. Standort, Schnitt und Pflege sind da schon wichtiger.

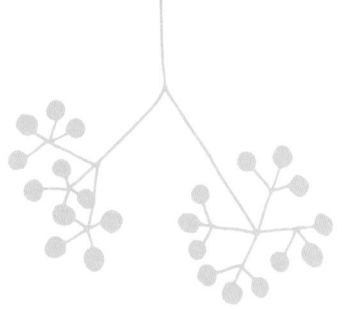

Tipp
Unbedingt auch notieren,
wenn eine Pflanze sich
irgendwo nicht wohlgefühlt
hat, eingegangen ist oder
man sie falsch behandelt
hat. So läuft man nicht Gefahr, dieselben Fehler noch
einmal zu machen.

Bevor man anfängt, die Pflanzen einzukleben, wird der Deckel
der Kladde bestempelt. Dann wird je ein gepresstes Exemplar mit
Masking-Tape auf eine Seite eingeklebt und auf der gegenüberliegenden Seite notiert, was bei der jeweiligen Pflanze zu behalten
und zu beachten ist.

Das Gartenbuch ist letztlich eine Abwandlung vom klassischen
Herbarium auf die eigenen Bedürfnisse übertragen.

Dieses über das Jahr gefüllte Buch gibt aber nicht nur eine schöne
Sammlung der eigenen Gartentätigkeit ab und vermehrt das Wissen
von den eigenen Pflanzen, es hilft vor allem auch bei der Garten-
gestaltung im nächsten Jahr.

AN DER WAND

Rahmen

Material
- gepresste Pflanzen
- Rahmen (Doppel-
  glasrahmen,
  Vintage-Rahmen o. Ä.)
- transparentes
  Klebeband oder
  Decoupage-Kleber
- ggf. Schere
- Bastelkarton
  (je nach Rahmen)
- Glasreiniger
- Tuch
- grobe Kordel

Neben dem Herbarium sind Rahmen aller Art wohl die klassischste Art, gepresste Schönheiten zu präsentieren. Ob es dabei um Doppelglasrahmen oder Vintage-Rahmen vom Flohmarkt geht, um Einzelexemplare oder Arrangements. Pflanzen in Rahmen sehen eigentlich immer gut aus!

Zuerst werden die Rahmen auseinandergenommen und die Glasscheiben mit Tuch und Reiniger gesäubert. Gerade bei den Doppelgläsern der sogenannten «Floating Frames» ist das ratsam, da Fingerabdrücke, Staub etc. mit dem rückseitigen Lichteinfall besonders deutlich zu sehen sind.

Falls der einfache Rahmen keinen Hintergrund hat, muss dieser noch aus Bastelkarton zurechtgeschnitten werden.

Nun wird die Pflanze entsprechend der Rahmengröße ausgewählt und auf dem Karton positioniert. Ist alles stimmig, wird die Pflanze rückseitig mit Decoupage-Kleber bestrichen und fixiert. Für ein paar Minuten trocknen lassen und dann den Rahmen wieder zusammenbauen.

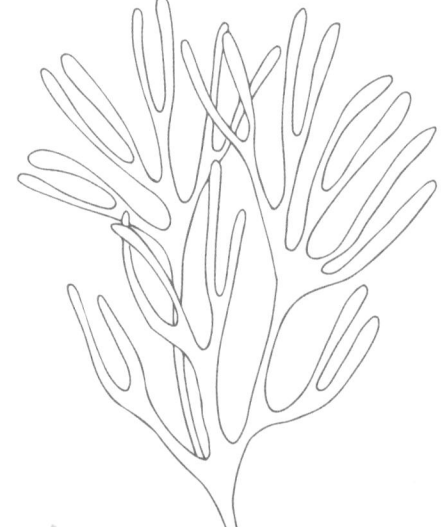

Bei Floating Frames verzichtet man natürlich auf den Karton. Hier wird die Pflanze direkt auf das Glas gelegt.

Da diese Rahmen durch das doppelte Glas und den Metallrahmen häufig nicht fest abschließen wie herkömmliche Bilderrahmen, kann es passieren, dass sehr flache Pflanzen im Rahmen verrutschen. Hier kommt die alte Technik des Klebeband-Röllchens zum Einsatz. Das Röllchen sollte möglichst klein sein und so an der Pflanze angebracht werden, dass man es von der Betrachterseite nicht sieht. Halten muss es natürlich trotzdem. Falls das nicht funktioniert: Die Pflanze mit einem Tropfen Sekundenkleber auf dem Glas festkleben.

Ist die Pflanze fixiert, den Rahmen zusammenklappen und mit einer groben Kordel freischwebend aufhängen.

Tipp
Es geht auch ganz ohne Rahmen: Pflanzen dazu mit Decoupage-Kleber auf starken, farbigen Bastelkarton kleben, aufstellen oder mit schönen Klammern an einem Nagel aufhängen. Verschiedene Exemplare einer Gattung auf gleichfarbigem Karton machen sich mit dieser Methode besonders gut.

Memory-Collage

Wer kennt das nicht, man schlägt ein Buch auf, und eine gepresste Blume aus dem letzten Urlaub purzelt heraus? Man erinnert sich an die Reise, an besondere Orte und Plätze ...

Dann gerät es wieder in Vergessenheit. Memory Collagen bewahren diese Erinnerungen und halten sie lebendig.

Material

- gepresste Pflanzen
- Objektrahmen
- Fotografien
- Fotoecken
- kleine Erinnerungsstücke
- farbiger, säurefreier Bastelkarton
- Decoupage-Kleber
- Kleber
- Pinsel
- Schere
- Schneidemaschine, Skalpell, Lineal

Tipp

Memory-Collagen können auch die Erinnerung an bereits verstorbene Menschen lebendig halten und bewahren. Ein altes Foto und die Blumen aus Omas Garten ...

Die Grundlage dieses Projektes bilden Pflanzen von Orten, an die man sich gerne erinnert. Zum Beispiel aus dem Garten der Kindheit, von einem schönen Reiseziel oder dem Spaziergang mit einem besonderen Menschen.

Zunächst wird der farbige Bastelkarton am besten mithilfe einer Schneidemaschine – alternativ Skalpell und Lineal – auf die Größe des Rahmens zurechtgeschnitten. Dazu die Rahmenwand oder das Passepartout als Orientierungshilfe nutzen.

Dann werden die gepressten Pflanzen, Fotografien und/oder weitere Erinnerungsstücke zur Probe auf dem Karton arrangiert.

Ist die Anordnung stimmig, wird mit dem zuunterst liegenden Objekt begonnen. Die Pflanzen werden rückseitig mit Decoupage-Kleber bestrichen und aufgeklebt, Fotografien o. Ä. mit Fotoecken befestigt und andere Schätze je nach Beschaffenheit mit einem Klebestift oder Flüssigkleber fixiert.

Ist alles gut getrocknet, wird der beklebte Karton in den Rahmen eingelegt und mitsamt der Rückwand fixiert.

Blütenwand

Material
- gepresste Blüten und Blätter
- Zweige mit Stiel
- Masking-Tape

Tipp

Eine schöne Variante zu einer bunt gemischten Wand ist eine monochrom gehaltene Wand mit einfarbigen Blumen und farblich passendem Masking-Tape; oder die spezielle Anordnung der Pflanzen, die beispielsweise Buchstaben oder Muster ergeben.

Blumen an der Wand sehen einfach wunderschön aus! Diese Art der Freestyle-Dekoration ist nicht nur schnell gemacht, sondern auch lange haltbar, da die Blumen ja nicht mehr verwelken können. Übrigens ist so eine Blumenwand auch ein toller Hintergrund fürs Hochzeitsfoto.

Alles, was man braucht, sind viele gepresste Blüten, Blätter oder Zweige aller Art, Masking-Tape und natürlich eine freie Wand.

In der Mitte der Wand mit dem Dekorieren beginnen und dann nach außen arbeiten. Mit kurzen Streifen Masking-Tape werden die Pflanzen am Stiel an die Wand festgeklebt. Kopfüber oder richtig herum – ganz wie man mag.

Darauf achten, dass die unterschiedlichen Blüten sich abwechseln und nicht alle der gleichen Sorte an einem Fleck landen – es sei denn, genau das gefällt einem.

Ist das Masking-Tape zu kräftig für den einen oder anderen feinen Stiel, schneidet man es einfach längs in dünnere Streifen.

Stickrahmen

Material
- ausdrucksstarke, gepresste Blüten
- Stickrahmen
- Seidenpapier
- Pinzette
- Gummi Arabicum (oder anderen transparenten, dünnflüssigen Klebstoff)
- Pinsel
- Schere
- Schmierpapier

Stickrahmen haben in den letzten Jahren eine wahre Renaissance erlebt. Und das nicht nur in ihrem eigentlichen Einsatzbereich, sondern vor allem auch als Deko-Objekte mit den unterschiedlichsten Inhalten.

Auch gepresste Pflanzen oder Blüten machen sich in einem Stickrahmen sehr gut und sind eine schicke Alternative zum klassischen Bilderrahmen.

Als Erstes wird das Seidenpapier auf den Rahmen passend zurechtgeschnitten. Dazu das Papier in den Rahmen einspannen, vorsichtig glattziehen und das überstehende Papier auf der Rückseite des Rahmens abschneiden. Einen kleinen Rand stehen lassen, damit das Papier später wieder einfacher eingespannt werden kann.

Den Rahmen auf die Vorderseite drehen und die Pflanze darauf positionieren.

Dann das Papier wieder aus dem Stickrahmen lösen und diesen zur Seite legen.

Nun mithilfe des Pinsels das Gummi Arabicum vorsichtig auf der Rückseite der Pflanze aufbringen. Am besten auf einem Stück Schmierpapier, damit kein Klebstoff auf das Seidenpapier tropft und Flecken hinterlässt.

Ist die Pflanzenrückseite vollständig eingepinselt, wird die Pflanze vorsichtig mit der Pinzette angehoben und auf das Seidenpapier gelegt. Alle Blätter und Blüten sollten schön ausgerichtet sein. Hierzu gegebenenfalls mit der Pinzette nachjustieren. Liegt die Pflanze in der richtigen Position, wird sie sanft festgedrückt. Die Stellen, die nicht

genügend Kleber aufgenommen haben, werden vorsichtig mit dem Pinsel nachbearbeitet.

Ist der Kleber vollständig getrocknet und sind alle Blätter, Stängel und Blüten fest auf dem Papier, wird das Seidenpapier wieder in den Rahmen eingespannt. Beim Festziehen der Schrauben darauf achten, dass das Papier gleichmäßig eingespannt wird und möglichst keine Falten bekommt. Jetzt muss nur noch ein schöner Platz zum Aufhängen gefunden werden.

Tipp
Am besten wählt man für dieses Projekt eine Pflanze, die relativ flach ist und deren Stängel und Blüten nicht zu kräftig sind. Je flacher die Pflanze, desto besser hält sie auf dem dünnen Seidenpapier.

LICHT & LEUCHTEN

Maritime Kerzen

Material
- gepresste Algen
- helle Kerzen
- alter Esslöffel
- Teelicht

Tipp
Wer das Projekt mit farbigen Kerzen umsetzen möchte, sollte unbedingt darauf achten, dass durchgefärbte Kerzen benutzt werden, sonst schmilzt die äußere Wachsschicht beim Anbringen der Blumen und gibt das ungefärbte Innere preis.

Ich fahre gerne im Sommer mit meiner Familie an den Atlantik, wo ich tagein, tagaus den Strand ablaufe und die Schätze sammle, die das Meer so hergibt. Insbesondere die Wasserpflanzen haben es mir angetan. Doch leider sehen sie nur im Wasser schwimmend gut aus; nimmt man sie heraus, fallen sie in sich zusammen. Durch das Pressen kann man ihre komplexe und filigrane Schönheit bewahren.

Die Alge wird auf die Kerze gelegt und so lange hin und her gerückt, bis eine passende Position gefunden ist. Beides vorsichtig zur Seite legen und nun den Esslöffel über dem Teelicht erhitzen. Dazu hält man den Löffel mit der Innenseite über die Flamme. Mit der äußeren gewölbten Seite, die dadurch mit erwärmt wurde, wird die Alge sanft auf die Kerze aufgedrückt. Durch den warmen Löffel schmilzt der Kerzenwachs kurz an, die Alge wird quasi angeklebt.
Es erscheint auf den ersten Blick einfacher, direkt die äußere Seite der Laffe über das Teelicht zu halten, zu erwärmen und damit die Alge an der Kerze anzubringen. Auf der Löffelseite, die über der Flamme erhitzt wird, entstehen jedoch kleine Rußpartikel, die dadurch mit an die helle Kerze gebracht und dunkle Flecken hinterlassen würden.
Der Vorgang des Erhitzens und Andrückens wird so lange wiederholt, bis alle Teile der Algen mit dem Wachs verbunden sind.
Unebenheiten und Löcher im Wachs, die eventuell durch das Aufbringen der Pflanze entstanden sind, können anschließend ebenfalls mit dem warmen Löffel ausgeglichen werden.

Wachspapierlaterne

Material
- gepresste Blüten und Gräser
- Wachspapier
- Bügeleisen
- Schere oder Schneide-maschine
- Masking-Tape
- Lineal
- Teelicht
- Glas

Tipp
Durch das Masking-Tape bleiben die Kanten flexibel: Flach gefaltet kann die Laterne dann auch als Geschenk verschickt oder aufbewahrt werden.

Pflanzliche Schattenspiele – eine schöne Lichtquelle für Balkon oder Küchentisch.

Die Größe der Wachslaterne bemisst sich an den Pflanzen, die man dafür benutzen möchte. Längere Farnwedel sehen auf einer größeren, hochformatigen Laterne besser aus, während die kompakteren Hibiskusblüten sich gut auf quadratischen Versionen machen. Die Laterne sollte insgesamt nicht viel höher als 20 cm sein, da sonst ein Teelicht sie nicht vollständig ausleuchten kann.

Für jede Laterne werden acht Stücke Wachspapier in derselben Größe benötigt. Das Papier wird zurechtgeschnitten und vier Blätter mit der gewachsten Seite nach oben gelegt. Darauf werden die Pflanzen arrangiert und dann jeweils mit einem zweiten Wachspapier bedeckt. Wichtig: Die gewachsten Seiten des Papiers müssen aufeinanderliegen. Je flacher die verwendeten Pflanzen sind, desto besser klebt das Wachspapier aneinander und es entstehen weniger Lufteinschlüsse.

Das Papier-Pflanzen-Sandwich wird nun auf mittlerer Hitze mit etwas Druck gebügelt (ohne Dampf). Darauf achten, dass sich die Seiten nicht verschieben. So lange bügeln, bis das Wachspapier aneinanderklebt.

Die nun noch vier gebügelten Seiten Kante an Kante nebeneinanderlegen und mit dem Masking-Tape auf voller Länge aneinanderkleben. Zum besseren Halt werden die Kanten von beiden Seiten zusammengeklebt. Sind auch die erste und die vierte Seite aneinandergeklebt, wird die Laterne vorsichtig aufgefaltet und die Kante noch mal mit den Fingernägeln geknickt.

Das Teelicht in ein Glas setzen, in die Laterne stellen und darauf warten, dass es dunkel wird.

Lichterkette

Sommerluftiges Licht – so strahlen die Blüten auch noch in den Abendstunden.

Zunächst wird der Kleister für das Papiermaché angerührt. Dazu in einem verschließbaren Einmachglas 100 g Mehl in 500 ml Wasser einrühren, bis eine gleichmäßige Masse entsteht und keine Klümpchen mehr vorhanden sind.

Nun wird das Seidenpapier in viele kleine Stücke gerissen und es werden so viele Wasserbombenballons aufgepustet, wie die Lichterkette Lämpchen hat. Nach und nach wird nun jeder Ballon mit Papiermaché ummantelt. Dazu eine Seite des Ballons mit Kleister bestreichen und einzelne Papierschnipsel aufkleben. Um den Knoten des Ballons herum eine kleine, aber gleichmäßige Öffnung frei lassen. So lange weiterkleben, bis der ganze Ballon dicht mit zwei Schichten Papierschnipseln umhüllt ist.

Nun kommen die Pflanzen zum Einsatz und werden rund um den Ballon geklebt. Ob man zum wilden Blütenmix greift oder zarte Blätter im Versatz klebt, bleibt dem eigenen Geschmack überlassen.

Zum Trocknen setzt man den Ballon auf ein Glas.

Sind alle Ballons mit Pflanzen dekoriert und getrocknet, werden sie mit der Nadel zum Platzen gebracht.

Die Ballons sehr vorsichtig – sie bekommen leicht Dellen – an der Lichterkette anbringen. Dazu den Draht in ca. 15 cm lange Stücke schneiden, oben durch die Ballons fädeln und einzeln an der Lichterkette befestigen.

Nun braucht man nur noch ein geschütztes Plätzchen im Freien, denn die Papierballons sind leider nicht wasserfest.

Material
- gepresste Blüten, Gräser und Kräuter
- Wasserbomben-Ballons
- Seidenpapier
- Wasser
- Mehl
- Einmachglas
- Gläser
- Pinsel
- feiner Draht
- Lichterkette
- Nadel

Tipp
Beklebt man die Ballons mit Blättern aus dem eigenen Garten, kann man sich auch am Abend an den Schattenspielen der eigenen Pflanzen erfreuen.

Bunte Windlichter

Material
- gepresste Pflanzen mit Stiel
- Gläser für Teelichter
- Teelichter
- Masking-Tape

Tipp

Im Kühlregal finden sich häufig Nachtische in kleinen Gläsern, die man nach dem Essen wunderbar als Teelichtgläser wiederverwerten kann.

Der Tisch ist gedeckt, aber irgendetwas fehlt noch? Diese Teelicht-Dekoration ist superschnell gemacht und sieht auf jeder Tafel einfach schön aus.

Für jedes Glas wird ein Streifen Masking-Tape abgerissen – oder abgeschnitten, je nachdem, wie ordentlich der Look sein soll –, der zu ca. ¾ das Teelichtglas umfasst. Das Tape wird nun locker um das untere Drittel des Glases geklebt. Insbesondere bei konisch zulaufenden Gläsern erleichtert das vorherige Fixieren des Tapes das Anbringen der Pflanzen. Masking-Tape hat den Vorteil, dass man es gut wieder ablösen und gegebenenfalls neu ankleben kann.

Nun wird das Tape wieder bis kurz vor Ende (ca. 0,5 cm) vom Glas abgelöst und mit dem Anbringen der Pflanzen begonnen. Die erste Pflanze auf das Glas legen und am unteren Teil des Stiels mit dem Masking-Tape fixieren.

Die Blüten dürfen ruhig über den oberen Glasrand hinausragen.

Dann mit ein bisschen Abstand die nächste Pflanze positionieren.

So folgt eine Pflanze auf die andere.

ESSEN & GENIESSEN

Wiesentorte

Material
- gepresste Blüten mit Stiel (als Deko, nicht zum Verzehr gedacht)
- Springform
- Backpapier
- Messer
- Handrührgerät
- Schüsseln
- Sieb

Für den Kuchen
2 Böden à 18 cm Durchmesser
- 250 ml Espresso
- 250 g Butter
- 80 g Kakao
- 400 g Zucker
- 2 Eier
- 1 Vanilleschote
- 150 ml Sahne
- 1 EL Zitronensaft
- 1 TL Natron
- 1 ½ TL Backpulver

Für das Frosting
- 250 g Frischkäse
- 80 g weißes Kakaopulver
- 200 ml Sahne

Man traut sich kaum, diese Torte anzuschneiden, so schön ist sie.

Den Backofen auf 170° C Ober- und Unterhitze vorheizen und Espresso kochen. In der Zwischenzeit alle Zutaten bereitstellen, die beiden Springformen mit Backpapier auslegen und die Ränder einfetten.

Den Espresso zusammen mit der Butter in einem Topf auf niedriger Stufe erwärmen, Kakao und Zucker hinzufügen und so lange rühren, bis sich der Zucker aufgelöst hat. Abkühlen lassen.

Nun die Eier, Sahne und den Zitronensaft in einer Schüssel verquirlen und das Mark der Vanilleschote dazugeben. Die Kakaomischung hinzufügen. Mehl, Backpulver und Natron in die Schüssel sieben und alle Zutaten sorgfältig mit einem Schneebesen verquirlen.

Den flüssigen Teig in die Springformen füllen und in den Ofen schieben. Nach ca. 45 Minuten die Stäbchenprobe machen. Klebt kein Teig mehr daran, ist der Kuchen fertig.

Die Böden aus dem Ofen holen und in der Form einige Minuten stehen lassen, dann herausnehmen und abkühlen lassen.

Während die Böden abkühlen, den Frischkäse

mit einem Handrührgerät cremig schlagen, das weiße Kakaopulver dazusieben und verrühren. Sahne und Sahnesteif hinzufügen und so lange rühren, bis eine streichfähige Masse entsteht. Einen der Böden mit einer dünnen Schicht Frosting bestreichen, den anderen darauf setzen und dann das Ganze von oben über die Seiten mithilfe eines Messers oder eines Torten-spachtels mit Frosting bestreichen.
Ist das Frosting währenddessen sehr weich geworden, noch mal vor dem Dekorieren kalt stellen.
Dann die Blumen rund um die Torte dekorieren und leicht andrücken. Kleine Fehler im Frosting mit dem Messer wieder glattstreichen.

Das Original-Rezept des famosen Törtchens stammt von Daniela Klein, die den wunder-baren Backblog klitzekleinesblog.de schreibt, und wurde von mir nur leicht abgewandelt.

Tipp
Alternativ kann man die Torte auch statt mit Wiesenblumen mit den kandierten Veilchen von Seite 72 dekorieren.

Blütentörtchen

Meine kleine und bunte Variante der Wiesentorte.

Für ein kleines Törtchen braucht es nur einen Boden des Espresso-Schokoladen-Kuchens von Seite 64. Dafür aber einen Kuchenausstecher, mit dessen Hilfe zwei kleinere Kreise aus dem Boden ausgestochen und dann wie die Wiesentorte weiterverarbeitet werden: eine Schicht Frosting zwischen die Böden und viel Frosting oben und an die Seiten verteilen.
Zum Schluss die Blütenblätter locker darüberstreuen.

Material
- gepresste Blütenblätter
- Kuchenausstechform
- Zutaten und Herstellung für Kuchen und Frosting siehe Seite 64

Tipp
Wenn kein Kuchenausstecher zur Hand ist, kann man das Törtchen alternativ auch mit dem Messer eckig schneiden. Blütentörtchen im Quadrat sozusagen.

Ringelblumen-Cookies

Material
- gepresste, essbare Blüten (Ringelblume)
- 200 g Margarine
- 300 g Weizenmehl
- 100 g Rohrzucker
- Salz
- Vanillemark
- Orangenzeste/-schale
- Plätzchenausstecher
- Nudelholz
- Goldstaub

Tipp
Der Teig ist beliebig variierbar, ebenso die essbaren Blüten.

Diese Cookies sind zum Essen fast zu schade!

Die zimmerwarme Margarine mit dem Zucker und dem Vanillemark zu einer cremigen Masse verrühren. Die Orangenzeste, eine Prise Salz und das gesiebte Mehl dazugeben und alles zu einem geschmeidigen Teig verkneten.

Den Teig auf einer bemehlten Fläche ausrollen und mit dem Plätzchenausstecher Kreise markieren. Noch nicht ausstechen! Die Blüten in die Kreise legen und leicht andrücken. Mit dem Nudelholz noch einmal vorsichtig darüberrollen und dann erst die Kreise ausstechen.

Die Cookies auf ein mit Backpapier ausgelegtes Blech legen und für 15 Minuten in den Kühlschrank stellen, damit sie beim Backen die Form behalten. In der Zwischenzeit den Ofen auf 160° C Umluft vorheizen.

Auf mittlerer Schiene nun für ca. 10 bis 15 Minuten backen. Zwischendurch kontrollieren, damit sie nicht zu braun werden und die Blüten verbrennen.

Die Cookies nach dem Abkühlen mit Goldstaub bestreuen und servieren.

Blätterteig-Bonbons
süß oder herzhaft

Material
- essbare, gepresste Blütenblätter (z. B. Rose, Ringelblume, Kornblume) oder Küchenkräuter
- Blätterteig (gefroren)
- Messer
- Teigroller
- Zucker und Zimt oder Salz o. Ä.
- Pinsel
- (Hafer-)Sahne
- Backblech
- Backpapier

Tipp
Lieber vor Ablauf der Backzeit schon mal in den Ofen schauen, da die Blüten schnell braun werden könnten und der Bunte-Bonbon-Effekt dann verloren geht. Und Achtung bei manchen Küchenkräutern: Nicht alle eignen sich zum Backen, Basilikum zum Beispiel wird durch die Hitze sehr unansehnlich.

Immer wieder lösen sich beim Blumenpressen einzelne Blütenblätter oder werden beschädigt. Zum Wegwerfen sind diese «Reste» viel zu schade. Die der essbaren Blüten kann man nämlich ganz einfach zu buntem Fingerfood verarbeiten.

Vorbereitung braucht es für dieses schnelle Fingerfood-Rezept kaum. Nur eine Sammlung essbarer Blütenblätter und ein paar einfache Küchenzutaten.

Den Blätterteig leicht antauen lassen und mit dem Gewürz bestreuen: Zucker und Zimt für süße Bonbons, Salz o. Ä. für die herzhafte Variante. Den Teig leicht ausrollen und mit dem Messer in kurze Streifen teilen. Backt man mit Blätterteigplatten, ist die kurze Seite ein gutes Maß für die Länge.

Die Streifen bleiben liegen und werden mit der Sahne bepinselt. Anschließend die Blütenblätter darüberrieseln lassen und mit der Teigrolle leicht festrollen.

Nun werden die Blätterteigstreifen wie Bonbonpapierchen an beiden Enden leicht eingedreht und auf das Blech gelegt. Blüten, die sich dabei lösen, wieder festdrücken, und alles, was danebengefallen ist, für die nächste Fuhre wieder aufsammeln.

Das Blech in den vorgeheizten Ofen schieben und die «Bonbons» einige Minuten backen.

Für die herzhafte Variante statt der Blütenblätter einzelne Blätter oder Zweige von Salbei & Co. auf den Blätterteigstreifen verteilen.

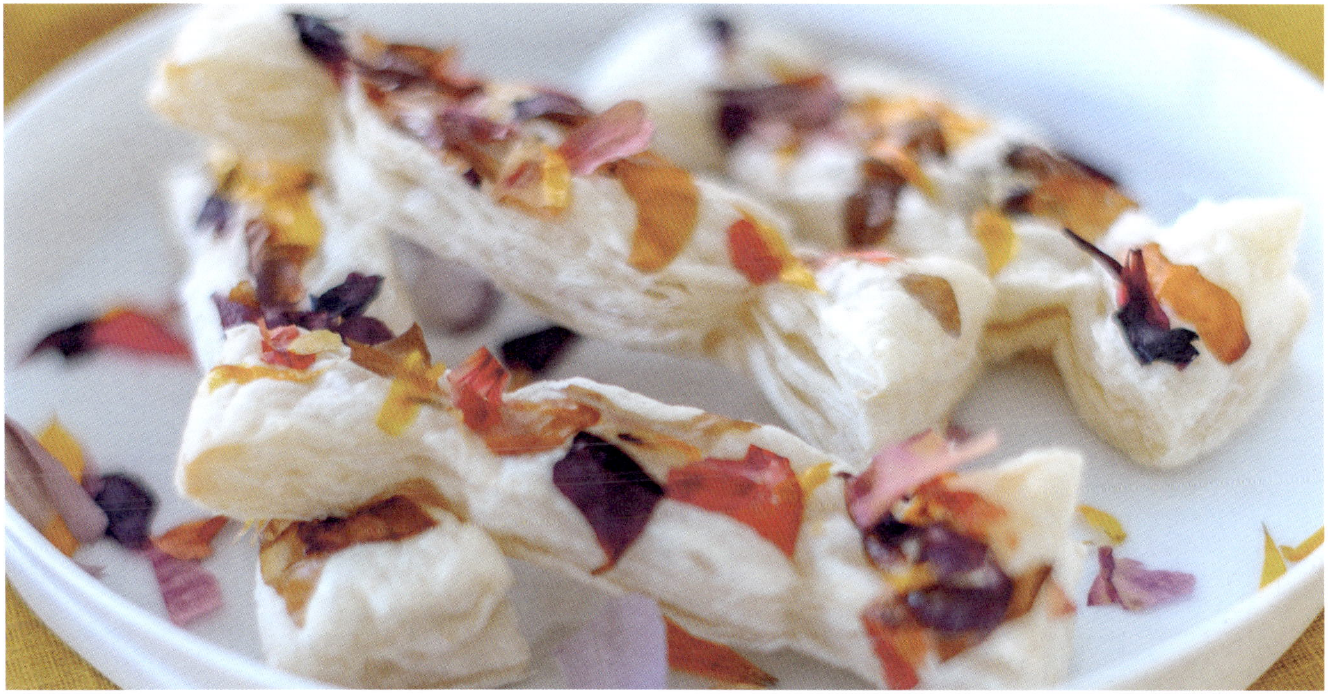

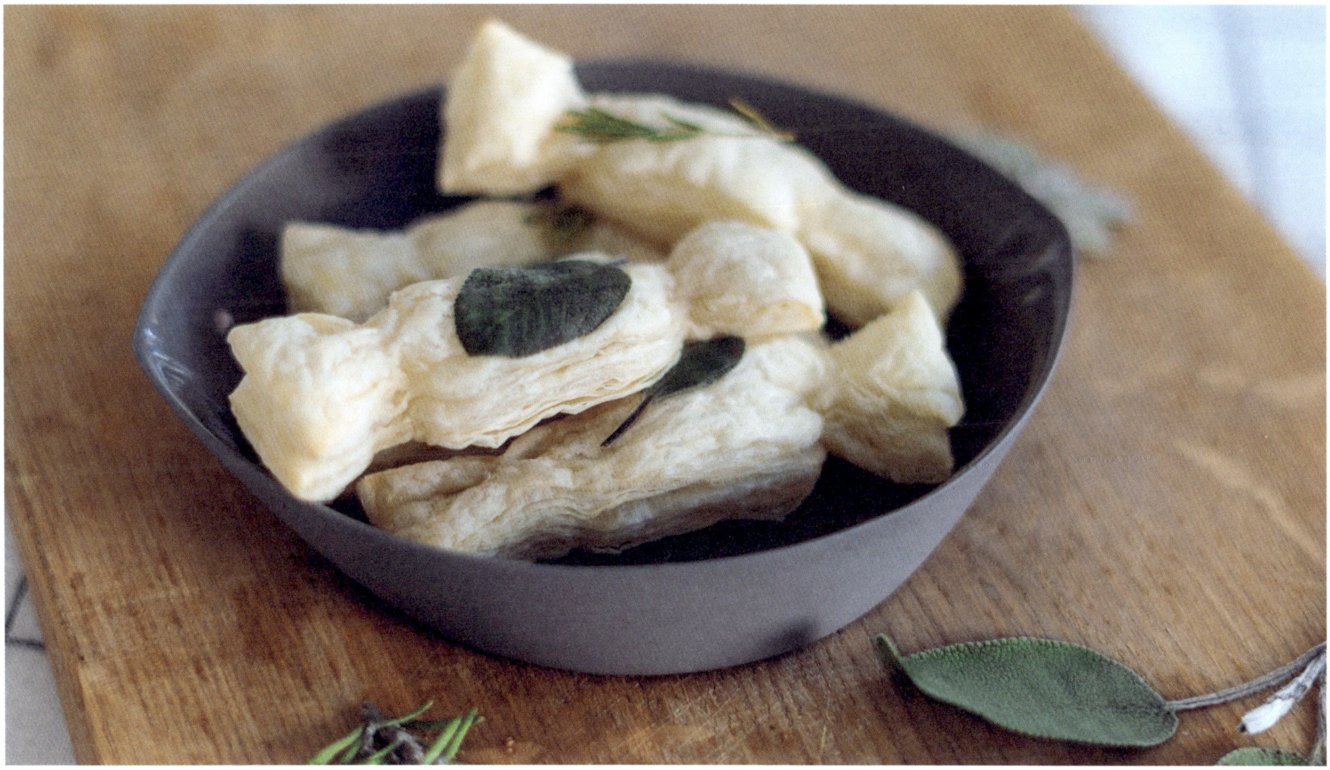

Kandierte Veilchen

Material
- gepresste, essbare Blüten (Veilchen)
- 150 g Zucker
- 120 ml Wasser
- 20 g Zucker
- Flasche mit Schraubverschluss
- Stößel
- Gabel
- Blech
- Backpapier

Tipp
Auch ganze Blütenköpfe, beispielsweise von Lavendel und Wildrosen, eignen sich zum Kandieren. Dazu den ganzen Blütenkopf in den Sirup tauchen, an einem Bindfaden aufhängen und mehrere Tage trocknen lassen. Auch Blätter von z. B. Zitronenmelisse oder Pfefferminze schmecken kandiert sehr lecker und passen gut zu Desserts.

Ein zuckersüßes Topping auf Kuchen und Torten.

Als Erstes wird der Zuckersirup angesetzt. Dazu den Zucker mit dem Wasser aufkochen, einige Minuten köcheln und anschließend abkühlen lassen. Währenddessen das Blech bereitstellen und mit Backpapier auslegen. Die Blüten mit einer Gabel oder, falls sie einen Stiel haben, an diesem in den abgekühlten Sirup eintauchen und sanft drehen, sodass die ganze Blüte überzogen wird. Eventuell den Sirup noch mit den Fingern verstreichen. Die Blüten nun einige Stunden zum Trocknen auf das Backpapier legen.

Sobald sich die Sirupschicht festklebrig anfühlt, wird der restliche Zucker mit dem Stößel ganz fein zerrieben und über die Blüten gestäubt.

Die Blüten nun einige Tage trocknen lassen. Ist der Sirup vollständig durchgetrocknet, können die Blüten, die sich nun fest und trocken anfühlen, weiterverarbeitet werden und beispielsweise auf Torten, Kuchen oder Muffins dekoriert werden.

Verschlossen in einer sauberen Box sind sie einige Zeit haltbar.

Natürlich kann man auch frische Blüten kandieren. Das vorherige Pressen der Blumen führt allerdings nicht nur dazu, dass die Blüten schön flach sind und sich später besser dekorieren lassen, sondern es entzieht der Pflanze auch direkt Feuchtigkeit und macht sie länger haltbar.

Hollunder-Lollis

Diese Lollis sind der Renner in jeder Candy-Bar.

Die angegebenen Zutaten reichen für ca. 10 bis 12 Lollis.

Zuerst das Blech mit Backpapier auslegen. Dabei darauf achten, dass das Papier wirklich gerade liegt und sich nicht in den Ecken wellt oder hochbiegt, dort könnte die Lutschermasse sonst später verlaufen. Der Untergrund muss also ganz eben sein.

Die Stiele, der Löffel und die Blüten werden griffbereit hingelegt, denn ist die Masse fertig gekocht, heißt es zügig zu arbeiten.

Liegt alles bereit, wird der Zucker mit dem Holunderblütensirup zusammen in einen Topf gegeben und unter ständigem Rühren aufge-kocht. Für ca. 8 bis 10 Minuten köcheln lassen.

Anhand der Tröpfchenprobe kann man erkennen, ob die Masse fertig-gekocht ist: Dazu lässt man ein paar Tropfen Sirup in ein Glas mit kaltem Wasser tropfen. Wird die Zuckermasse sofort hart, ist sie fertig.

Nun muss man zügig – aber sorgfältig – arbeiten. In lutschergroßen Portionen wird die Zuckermasse mit etwas Abstand auf das Backpa-pier gekleckst. In jeden Klecks legt man ein Holzstäbchen und dreht es leicht ein, damit es von der Masse umschlossen wird.

Dann werden die Blüten auf die Portionen verteilt und eventuell mit einem anderen Holzstäbchen eingedrückt, sodass auch sie von der Zuckermasse umschlossen werden und nicht nur obenauf liegen.

Nun müssen die Lollis nur noch abkühlen und aushärten.

Wer die Lutscher transportieren möchten sollte sie allesamt in ein Stück Styropor oder Ähnliches stecken, damit sie nicht unterwegs weich werden und aneinander festkleben.

Material
- gepresste Holunderblüten
- 100 g weißen Zucker
- 3 EL Holunderblütensirup
- Teelöffel
- Backblech
- glattes Backpapier ohne Struktur
- Holzstäbchen
- Glas mit kaltem Wasser

Tipp
Wer eine farbige Varian-te bevorzugt, gibt 1 bis 2 Spritzer Lebensmittelfar-be in die Lutschermasse. Schön ist eine Farbe, die auch zu den Blüten passt.

Blüten-Eiswürfel

Material
- essbare, gepresste Blüten
- Wasser
- Eiswürfelform

Tipp

Je weniger kalkhaltig das Wasser ist, desto klarer werden die Eisklümpchen. Für Profis und Verfechter von kristallklaren Eiswürfeln empfiehlt sich das Gefrieren von oben nach unten mithilfe einer Kühlbox oder eines Styropor-Behälters. Dafür muss man allerdings etwas mehr Zeit einplanen. Entsprechende Anleitungen findet man im Internet.

Ob in Soda, Cocktail oder Limonade – Eiswürfel mit eingefrorenen Blüten sind in jedem Glas ein Hingucker. Sie eignen sich auch für spontane Gelegenheiten: Alles, was man für dieses Projekt braucht, ist etwas Zeit, um die Eiswürfel im Tiefkühlfach gefrieren zu lassen, und natürlich ein paar essbare Blüten.

Die Blüten werden anhand der Größe der Eiswürfelform ausgewählt. Es sollten essbare Blüten sein, denn wenn sich die Eiswürfel im Glas auflösen, wird natürlich auch die Blüte freigegeben und schwimmt im Glas umher.

Die Zubereitung ist denkbar einfach: Eiswürfelform zu ¾ mit Leitungswasser füllen und in das Eisfach stellen. Sobald das Wasser gefroren ist, werden die Blüten auf die Klümpchen gelegt, ein paar Tropfen Leitungswasser auf jedes Eisklümpchen gegeben und das Ganze wieder ins Eisfach gestellt.

Sobald auch diese Schicht gefroren ist, die Eiswürfelform komplett mit Wasser auffüllen und abermals gefrieren lassen.

Geblümte Ostereier

Material

- gepresste Frühlingsblüten oder Grün
- hart gekochte Eier
- natürliche Ostereierfarbe aus Gewürzen und Gemüsen
- Essig
- alte Töpfe
- feines Sieb

Fast zu schön zum Ditschen! Ostereier mit echten Blümchen sind eine schöne Alternative zu herkömmlichen Färbereien und verleihen dem Ostertisch einen besonders frühlingshaftes Ambiente.

Die Eier werden hart gekocht und gefärbt. Zum Färben der Eier eignen sich natürliche Färbemittel wie Kurkuma, Rotkohl, Brennnessel, Rote Beete, Holunderbeerensaft oder Spinat sehr gut. Das Gemüse wird dazu mit Wasser im Verhältnis von ca. 250 g auf 1 Liter gekocht. Nach ca. 30 Minuten Kochzeit wird der Gemüsesud durch ein feines Sieb abgeseiht, das Essbare zur Seite gestellt und das Farbbad mit einem Schuss Essig versetzt.

Das Abseihen ist wichtig, damit sich keine Stückchen mehr in der Farbe befinden, die sich nachher auf den Eiern festsetzen und unschöne Flecken hinterlassen.

Nun werden die Eier für einige Minuten in den Sud gegeben und regelmäßig gewendet.

Das Färben mit Naturfarben bringt dezentere Farbtöne hervor als konventionelle Eierfarbe. So kommen die Blumen besser zur Geltung. Nachdem die gewünschte Tönung im Farbbad erreicht ist, werden die Eier herausgenommen,

kurz abgetropft und die gepressten Blumen dann direkt auf die feuchte Farbe «aufgeklebt». Hierzu eignen sich besonders feine Blüten und Blätter, da sie sich besser an die runde Form des Eis anpassen.

Aufgepasst bei hellen Blüten: Diese nehmen unter Umständen die frische Farbe an und verfärben sich. In diesem Fall die gefärbten Eier trocknen und dann die Blüte mit ganz wenig Wasser ankleben.

Falls der eigene Garten oder Balkon noch nicht viel Blühendes hergibt: Einige Tage vor Ostern einen Spaziergang in die Umgebung unternehmen und die passende Blüten am Wegesrand sammeln und pressen.

Tipp

Es ist natürlich wenig nachhaltig, Gemüse nur zum Eierfärben zu benutzen und es anschließend zu entsorgen. Daraus lässt sich eine leckere Suppe oder ein Eintopf machen.

AUF DEM TISCH

Vintage-Tablett

Material
- gepresste Pflanzen mit Stiel
- altes Tablett oder Kuchenplatte mit Glaseinsatz
- schwarzer Bastelkarton (ca. 250 g/m²)
- Cutter oder Schere
- Flüssigkleber
- Zirkel
- evtl. schwarzes Klebeband zum Fixieren

Tipp
Wenn kein verwendbares Erbstück in der Familie vorhanden ist, am besten auf dem Flohmarkt, in Gebrauchtwarenläden oder online nach alten Kuchenplatten Ausschau halten.

Was tun mit Omas alter Kuchenplatte? Mit gepressten Pflanzen aufpeppen und als Tablett benutzen!

Hierzu erfordert es ein klein bisschen handwerkliches Geschick, je nachdem, wie das Tablett oder die Kuchenplatte aufgebaut sind. Wichtig ist nämlich, dass man an die untere Seite der Glasplatte herankommt und den Karton dort befestigen kann. Im besten Falle lässt sich die Rückseite der Platte aufbiegen oder abnehmen und eine neue einschieben.

Zuerst wird also die Kuchenplatte oder das Tablett auseinandergenommen.

Dann wird der Karton für die Glasplatte passend ausgemessen und zurechtgeschnitten. Bei runden Platten nimmt man hierzu einen Zirkel zur Hilfe.

Auf dem zugeschnittenen Karton werden die gepressten Pflanzen arrangiert und vorsichtig mit etwas Flüssigkleber fixiert. Ein vollständiges Festkleben ist nicht notwendig, da später die Glasplatte die Pflanzen vor dem Verrutschen schützt. Unbedingt sauber arbeiten, denn jeder danebengegangene Tropfen Klebstoff wird sich später im Glas spiegeln.

Ist der Karton fertig beklebt, wird er vorsichtig unter der Glasplatte angebracht – je nach Beschaffenheit der Platte durch Einschieben, Festklammern oder auch Festkleben mit Klebeband.

Tischsets

Wer nach einer Alternative zu Stoff und Decke auf dem Tisch sucht, für den sind Platzsets vielleicht das Richtige. Wenn sie dann auch noch abwaschbar sind, ist das Familienessen mit den Kleinen gleich viel entspannter.

Als Erstes wird das Seidenpapier, falls es nicht schon das passende Maß hat, auf A3 (29,7 x 42,0 cm) zurechtgeschnitten. Wer ein eigenes Laminiergerät und die entsprechende Folie zur Hand hat, legt das Papier in die aufgeklappte Laminierfolie. Falls nicht, wird das Papier erst einmal auf die Pappe gelegt, die als stabiler Untergrund dient.

Da sowohl Blüten als auch Seidenpapier leicht verwehen, empfiehlt sich das behutsame Arbeiten an einem windstillen Platz und das Beschweren der Ecken. Auch zu schnelle Bewegungen oder Vorbeilaufen können nämlich das bereits gelegte Arrangement schon durcheinanderbringen.

Die Blüten werden nun auf dem Seidenpapier verteilt. Sobald ein schönes Muster gefunden ist, werden die Blüten mit einem kleinen Klecks Kleber auf dem Papier fixiert. Ich verwende dazu einen Klebestift, da Flüssigkleber auf Seidenpapier schnell Falten wirft.

Sind alle Blüten fixiert, wird die Folie zugeklappt und der Laminiervorgang entsprechend den Verarbeitungshinweisen für diese Folie gestartet.

Falls die Vorlage zum nächsten Copy-Shop transportiert werden muss, legt man noch eine weitere Pappe auf das Seidenpapier und verklebt die Seiten, sodass beim Transport keine Blüte verrutschen kann.

Servietten mit Blaudruck

Ein Blickfang auf jeder Kaffeetafel! Schon die Herstellung hat etwas Magisches.

Der Blaudruck (Cyanotypie) ist eines der ältesten fotografischen Verfahren und wird mithilfe einer lichtempfindlichen Farbe und Sonnenlicht erzeugt. Die Belichtung erfolgt dabei durch einen Schatten werfenden Gegenstand. In unserem Fall sind das Blätter. Blätter, die eine gewisse Auflagefläche haben, eignen sich besser als beispielsweise dünne Gräser, denn sie werfen einen größeren und deutlicheren Schatten. Um Schatten werfen zu können, braucht es Licht: Sonne, am besten viel davon. Denn je intensiver die Sonneneinstrahlung, desto kürzer ist die Belichtungszeit beim Blaudruck. Pro Druckvorgang wird eine Serviette belichtet. Dazu die Serviette nass machen, auswringen und auf die Unterlage legen. Eine Schneidematte ist ideal, eine feste Pappe tut es aber auch. Das Ganze dort aufbauen, wo es keine direkte Sonneneinstrahlung gibt. Stofffarbe, Pinsel und Blätter bereitstellen, dann die Handschuhe anziehen (die Farbe verfärbt in der Sonne auch die Finger!). Da die Farbe lichtempfindlich ist und auch dort reagiert, wo wenig Licht ist, muss ab nun zügig gearbeitet werden.

Mithilfe des Schwammpinsels wird die Stofffarbe auf die Serviette getupft. Den Stoff gleichmäßig einstreichen. Das ist nicht ganz so einfach, denn die Flüssigkeit ist fast farblos. Lieber etwas mehr Farbe benutzen als zu wenig. Auch die Ränder brauchen etwas mehr Farbe, da hier der Stoff dicker ist.

Material
- gepresste Blätter
- Stoffservietten
- lichtempfindliche Stofffarbe
- Fixierer
- Handschuhe
- Schwammpinsel
- Wasser
- kleine Wanne
- alter Kochlöffel oder Holzstab
- feste Unterlage
- Sonne

Tipp

Wer nicht über eine absolut windstille Sonnenecke verfügt, legt eine Glasplatte über den Stoff und fixiert damit die Blätter. Die Scheibe sollte etwas größer als der Stoff sein, damit die Ränder der Platte keine Schatten werfen und Streifen auf dem Stoff erzeugen.

Ist die Serviette eingestrichen, werden die Blätter aufgelegt und das Ganze in die Sonne gestellt.

Nun kann man dem Belichtungsprozess zuschauen: Von durchsichtig über ein blasses Lila bis hin zum typischen Blau der Cyanotypie verwandelt sich die Serviette je nach Sonneneinstrahlung in wenigen Minuten. Ist der Himmel bedeckt, kann dieser Vorgang aber auch bis zu mehreren Stunden dauern.

Hat der Stoff einen satten Blauton erreicht, ist der Belichtungsvorgang beendet. Die Blätter werden vom Stoff gezupft (je nach Zustand kann man sie noch mal verwenden) und der Stoff nach Packungsanweisung fixiert und ausgewaschen. Dann nur noch bügeln.

Das Verfahren funktioniert natürlich auch auf anderen Textilien – und auf Papier!

Untersetzer
aus Einmachdeckeln

Material
- gepresste Blüten und Blätter
- Gießharz
- Handschuhe
- Holzstäbchen
- Glasdeckel von (alten) Einmachgläsern
- Unterlage

Vor einiger Zeit habe ich eine ganze Anzahl alter Einmachgläser und loser Deckel auf dem Sperrmüll gefunden. Gläser und Deckel hatten die unterschiedlichsten Größen und Gravuren. Zu gern hätte ich gewusst, wer sie mal benutzt hat und was darin eingemacht wurde. Ich konnte nicht umhin, die heilen Exemplare mitzunehmen, ohne damals allerdings zu wissen, was ich damit machen sollte. Jetzt weiß ich es und halte ständig Ausschau nach neuen Funden!

Die Glasdeckel fungierten hauptsächlich als kleine Schälchen für Diverses, bevor ich auf die Idee kam, sie in Untersetzer zu verwandeln und mit Gießharz zu arbeiten. Da das Harz fest und nicht wasserlöslich ist, macht es auch nichts, wenn aus dem Glas mal was danebengeht.

Je nach Anzahl und Höhe der Glasdeckel sowie Dicke der Pflanzen werden andere Mengen Gießharz benötigt. Zuerst wird daher mit Wasser abgemessen, mit wie viel Milliliter die Deckel aufgefüllt werden sollen. Die Menge notieren.

Dann werden die Pflanzen zur Probe in die trockenen Glasdeckel gelegt, um zu schauen, welche Pflanze in welchen Deckel passt, ob einzeln oder in Kombination mit anderen.

Ist die Entscheidung gefallen, wird das Gießharz nach Packungsanweisung angerührt. Unbedingt mit Handschuhen und einer großzügigen Unterlage arbeiten. Außerdem empfiehlt sich zumindest ein offenes Fenster, wenn man nicht direkt im Freien arbeiten kann. Für den ersten Schritt werden ca. ⅓ der abgemessenen Milliliter benötigt.

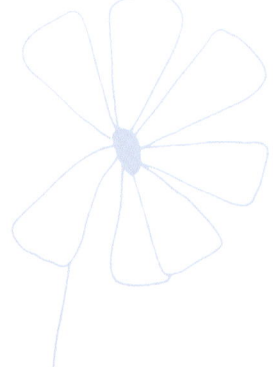

Ist das Gießharz gleichmäßig und sehr gründlich durchgerührt, wird es in einer ersten Schicht über die in den Glasdeckeln liegenden Pflanzen gegossen. Mit einem Holzstäbchen können die Pflanzen jetzt noch verschoben und justiert werden.

Diese erste Schicht muss nun 24 Stunden durchtrocknen. Ist das Harz danach trocken und nicht mehr klebrig, wird die restliche Menge Harz angerührt und wieder über die Pflanzen gegossen.

Kräftigere Stängel und Blütenstände brauchen etwas mehr Harz. Sie müssen später vollständig bedeckt zu sein, damit die darauf stehenden Gläser nicht kippen.

Tipp
Hat man keine Glasdeckel zur Hand und möchte auch keine Einmachgläser dafür anschaffen, kann man auch auf entsprechend große Silikonformen zurückgreifen. Die haben den Vorteil, dass man sie immer wieder benutzen kann, um neue Untersetzer herzustellen.

KOSMETIK

Handgemachte Seife

Material

- gepresste Heilpflanzen (Rainfarn, Schafgarbe, Tagetes)
- Rohseife
- Seifenform
- Olivenöl
- Orangenzeste/-schale
- Glas
- Holz- oder Glasstäbchen
- optional ätherisches Öl (Zitrus)
- Papierstreifen
- Stift, Stempel, Masking-Tape
- Desinfektionsspray

Seifen selbst zu machen ist nicht nur ganz einfach, man kann es mit dieser Methode auch wunderbar gemeinsam mit Kindern tun.

Seifenexperten werden beim Lesen der benötigten Materialien vermutlich aufschreien und auf das «echte» Seifensieden verweisen. Da es dafür aber einiges an Chemie braucht und es auch nicht ganz ungefährlich ist, greife ich hier auf bereits fertig erhältliche Rohseife zurück.

Für eine Seife braucht man 100 g Rohseife, 5 ml Olivenöl, etwas Orangenzeste und 2 bis 4 Tropfen Aromaöl.

Die Rohseife wird klein geschnitten in das Glas gegeben und bei mittlerer Temperatur langsam im Wasserbad erwärmt. Sobald die Seife geschmolzen ist, werden Orangenzesten, Olivenöl und optional einige Tropfen ätherisches Öl hinzugegeben und das Ganze mit dem Stäbchen verrührt. Ist die Flüssigkeit homogen, wird sie aus dem Wasserbad herausgenommen und langsam in die Seifenform gegossen. Nicht zu schnell gießen, sonst bilden sich Luftblasen.

Wenn dennoch Bläschen entstehen, werden diese mit der Spitze des Holzstäbchens entfernt. Sollten sich zu viele Luftblasen auf der Oberfläche der Seife bilden, kann man diese mit wenigen Stößen Desinfektionsspray ganz leicht «wegzaubern».

Ist die Seife in der Form weich, aber nicht mehr ganz flüssig, wird die Pflanze aufgelegt und wenn nötig mit dem Stäbchen justiert.

Sobald die Seife komplett ausgehärtet ist, kann sie aus der Form genommen werden.

Soll die Seife verschenkt werden, ist eine Banderole aus Papierresten eine schöne Verpackungsmöglichkeit. Dazu von einem schönen Papier einen ca. 3 cm breiten Streifen abschneiden, mittig beschriften und bestempeln und mit einem Stück Masking-Tape auf der Rückseite der Seife zusammenkleben.

Tipp

Alternativ zu Zitruszesten können auch andere Küchenzutaten ihren Weg in die Seife finden: von grob gemahlenem Kaffee über Mohnsamen bis hin zu grobem Salz. Mit einigen Spritzern Lebensmittelfarbe kann man der Seife auch einen besonderen Farbton verleihen.

Badekugeln

Ab und an sollte man sich eine Auszeit nehmen. So ein Vollbad wirkt manchmal Wunder …

Die angegebenen Zutaten reichen für 12 Badekugeln von etwa 3 cm Durchmesser.

Alle Zutaten sorgfältig abwiegen und bereitstellen. Die Kakaobutter in kleine Stücke schneiden und im Wasserbad zum Schmelzen bringen. Währenddessen die trockenen Zutaten (natürlich ohne die Blüten) miteinander in einer Schüssel vermischen.

Ist die Butter flüssig, gibt man sie ebenfalls in die Schüssel und verrührt das Ganze gleichmäßig mit dem Quirl. Zum Schluss werden ein paar Tropfen ätherisches Öl hinzugegeben und untergehoben.

Für ca. 15 Minuten abkühlen lassen, damit die Masse eine formbare Konsistenz erhält.

Dann portionsweise zwischen den Händen zu gleichmäßigen Kugeln rollen und, da die Masse dadurch wieder weicher geworden ist, noch mal kurz antrocknen lassen.

Anschließend werden die Blüten auf die Kugeln aufgebracht. Trocknen lassen und bis zum Gebrauch trocken aufbewahren.

Damit man beim Baden die volle Sprudelwirkung genießen kann, werden die Badekugeln erst in die volle Badewanne gegeben.

Material
- kleine, gepresste Blüten (z. B. Eisenkraut)
- 100 g Natron
- 50 g Haushalts-Zitronensäure
- 35 g Maisstärke
- 50 g Kakaobutter
- Quirl
- ätherisches Öl (Citronella)
- Topf oder Glas
- Schüssel

Tipp
Oliven- oder auch Sheabutter stellen eine gute Alternative zu Kakaobutter dar.
Bei den Aroma-Ölen darauf achten, dass es naturreine Bio-Öle sind, dann sind sie nicht nur hautverträglicher, sondern haben auch noch eine aromatherapeutische Wirkung.

Blumentattoo

Material
- feine, gepresste Blüten und Farn
- Wimpernkleber
- eventuell eine helfende Hand

Tipp

Zum Entfernen des Blumentattoos einen Pad mit Augen-Make-up-Entferner oder einen Waschlappen mit lauwarmem Seifenwasser auf das Tattoo legen und gut einwirken lassen. Etwas andrücken und mitsamt der Blüte abwischen. Je nach Größe des Tattoos und Klebekraft des Wimpernklebers muss die Prozedur mehrmals wiederholt werden.

Hat man sehr empfindliche Haut, sollte man das Entfernen vorher an einer einzelnen kleinen Blüte testen.

Tattoos aus echten Blumen sind nicht nur ein Hingucker auf jedem Sommerfest, sie sind auch schnell gemacht und halten weitaus länger, als man denkt. Blumentattoos sind sogar für Kinder geeignet. Und im Gegensatz zu einem echten Tattoo sind sie nach dem Fest wieder ablösbar.

Das spätere Blumenmotiv wird im ersten Schritt auf einem Tisch oder Blatt zur Probe gelegt. Dazu werden die Blüten und Blätter so arrangiert, wie sie später auf der Haut kleben sollen.

Ist eine Komposition gefunden und eine Hautstelle für das Tattoo gewählt, wird im zweiten Schritt der Wimpernkleber mit dem beiliegenden Pinsel gezielt auf die Haut gepinselt. Je nach Hautstelle braucht es eine helfende Hand zum Aufbringen des Motivs.

Da jede Blüte einzeln aufgeklebt wird und der Wimpernkleber schnell trocknet, wird immer nur die Stelle für die entsprechende Blüte eingepinselt. Diese wird dann mithilfe der Pinzette vorsichtig auf die Klebestelle gelegt und mit den Fingern angedrückt.

Hier gilt: Ist die Blüte einmal angedrückt, ist sie nicht mehr verschiebbar. Man sollte also beim Auflegen unbedingt darauf achten, dass die Blütenblätter glatt aufgelegt werden und keine Falten werfen.

Ist eine Blüte festgeklebt, kommt die nächste an die Reihe.

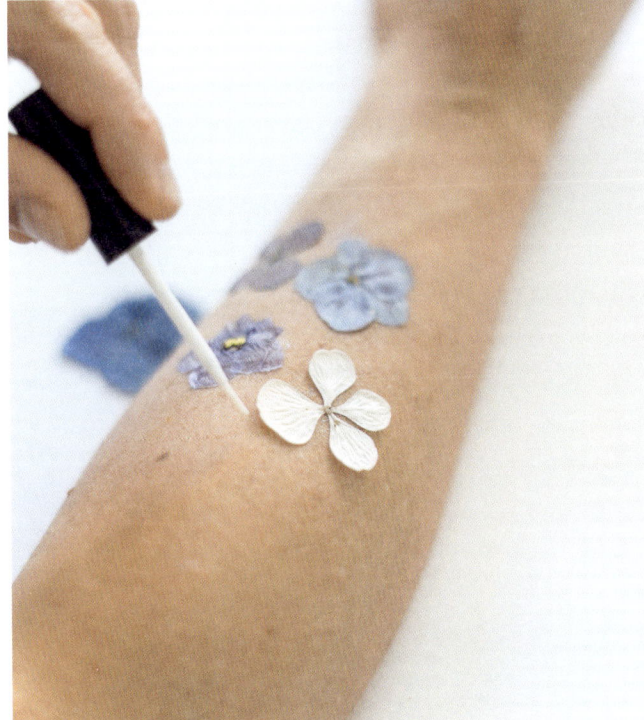
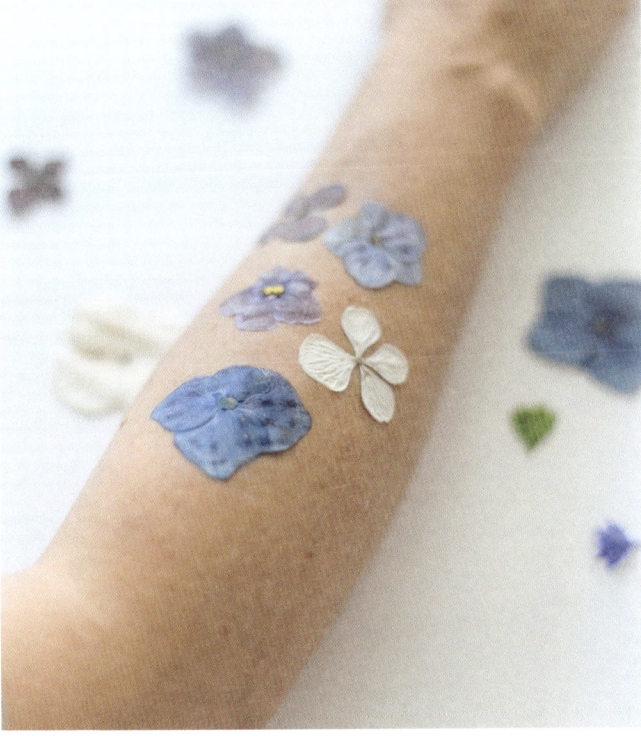

Gänseblümchensalbe

Material

- gepresste Gänseblümchen
- frische Gänseblümchen
- Oliven- oder Jojoba-Öl
- verschließbares Glas
- Bienenwachs
- Kakaobutter
- Salbentiegel
- Holz- oder Glasstäbchen
- transparenter Flüssigkleber
- feines Sieb oder Filter

Naturkosmetik ist nicht aufwendig oder kompliziert. Schon mit wenigen Zutaten und einem Gang in den Garten kann man eine ganz einfache, heilende und pflegende Salbe herstellen. Nicht umsonst wird das Gänseblümchen auch als «Arnika des Nordens» bezeichnet und war 2017 sogar Heilpflanze des Jahres.

Gänseblümchensalbe wirkt nicht nur wundheilend und entzündungshemmend, sie pflegt außerdem durch die in den Blümchen enthaltenen Gerbstoffe hervorragend raue Füße und Hände.

Als Grundlage für die Salbe wird ein Öl aus frischen Gänseblümchen angesetzt. Dafür ein paar Handvoll Gänseblümchen im Garten sammeln – nicht in öffentlichen Parks –, gründlich abschütteln oder einige Zeit im Schatten liegen lassen, damit kleine Tierchen herauskrabbeln können.

Die Gänseblümchen dann in ein Glas geben und so lange mit Öl aufgießen, bis alle bedeckt sind.

Nun das Glas für ca. 1,5 bis 2 Stunden in ein ca. 40° C warmes Wasserbad stellen. Dann abkühlen lassen und für 2 bis 3 Tage gut verschlossen an einem dunklen Ort durchziehen lassen.

Bevor das Öl weiterverwendet werden kann, muss es durch einen feinen Filter abgegossen werden.

Für die Salbenherstellung kommen auf 100 ml Gänseblümchenöl 5 g Bienenwachs und 10 g Kakaobutter. Alle Zutaten sorgsam abmessen, in ein feuerfestes Glas geben und wieder langsam im Wasserbad erwärmen. Immer mal wieder umrühren.

Ist das Wachs geschmolzen und sind die Zutaten gut vermischt, lässt

man einige Tropfen auf einem Teller abkühlen, um die Konsistenz zu
prüfen: Ist die Salbe schon streichfähig, wird sie in die vorher abge-
kochten Tiegel abgefüllt, mit einem gepressten Blümchen dekoriert
und die Tiegel fest verschlossen. Ist eine geschmeidige Streichfä-
higkeit noch nicht erreicht, gibt man noch etwas Wachs hinzu und
verrührt das Ganze erneut.

Weitere Gänseblümchen werden als Dekoration auf den Tiegel geklebt.
Hierzu das gepresste Blümchen mit einem kleinen Klecks Flüssigkleber auf das Glas kleben.

Tipp

Die Gänseblümchensalbe
kühl und dunkel lagern,
dann ist sie mehrere
Monate haltbar.

PAPIER & VERPACKUNG

Handgeschöpftes Papier

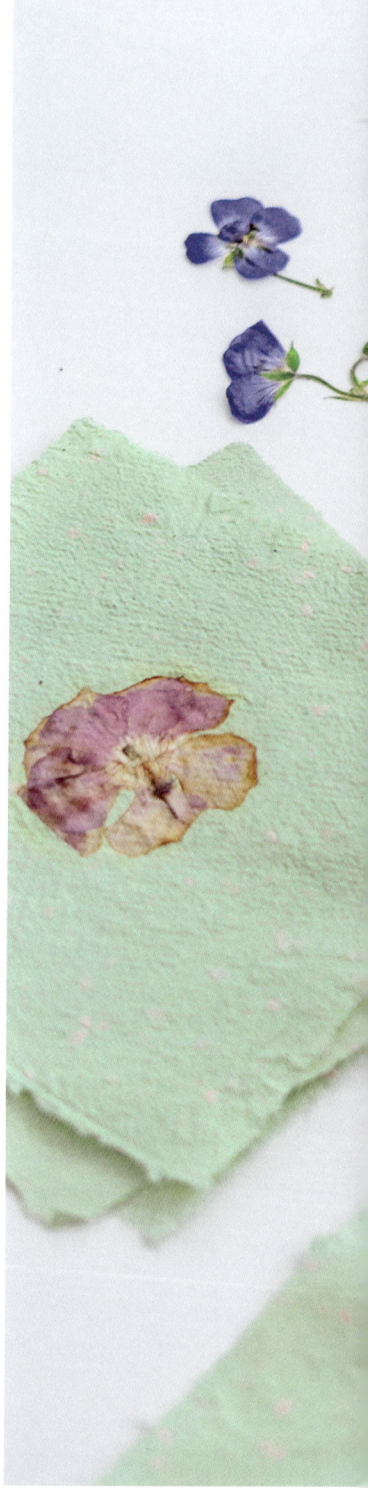

Material

- gepresste Blumen
- Papierreste
- zwei einfache, gleich große Holzbilderrahmen
- Kunststoffkiste oder Eimer, größer als die Rahmen
- Tüll oder Fliegennetz
- Handtacker
- Mixer
- Kochlöffel
- Filzmatte oder altes Handtuch
- Schwamm

Ein ganz besonderes Papier, das fast zu schade ist zum Beschreiben – oder gerade richtig für eine besondere Nachricht ...

Papierschöpfen ist eine fazinierende und bedächtige Tätigkeit, die man auch gut mit Kindern ausprobieren und ihnen so das Prinzip des Recyclings näherbringen kann. Das Ganze ist viel einfacher, als es sich anhört. Aus den zwei Holzrahmen wird als Erstes ein Schöpfrahmen gebaut. Dazu ein Stück Tüll, das etwas größer ist als der Rahmen, über die vordere Seite des einen Rahmens spannen und rückseitig festtackern. Fertig ist der Schöpfrahmen.

Das Papier in kleine Stücke reißen, in den Mixer geben und mit Wasser vermischen. Auf fünf zerrissene DIN-A4-Blätter kommen ¾ l Wasser. Das Ganze zu einem feinen Brei mixen, die sogenannte Pulpe.

Nun wird die Kunststoffkiste oder Wanne zu ¼ mit Wasser gefüllt, die Pulpe hineingegeben und kräftig mit dem Kochlöffel verrührt.

Die gepressten Blüten werden bereitgestellt, ebenso die Handtücher neben die Wanne gelegt. Der Schöpfrahmen kommt zum Einsatz. Dazu werden beide Holzrahmen aufeinandergelegt, und zwar so, dass der bespannte Rahmen unten, aber mit der Tüllseite nach oben liegt.

Der andere Rahmen liegt obenauf. Der Schöpfrahmen wird nun langsam und schräg in die gefüllte Wanne eingetaucht und ebenso langsam wieder herausgehoben. Dabei den Rahmen wie ein Tablett halten. Die Pulpe, die sich darauf abgelagert hat, sollte sich dabei gleichmäßig verteilt haben. Ansonsten den Schöpfprozess wiederholen. Das Wasser aus dem Rahmen über der Wanne gut abtropfen lassen.

Jetzt wird die Pflanze auf den Papierbrei gelegt und sanft angedrückt.

Dann den oberen Rahmen abnehmen und den unteren Rahmen mit dem Brei kopfüber auf die Filzmatte stürzen. Mit dem Schwamm von der Rückseite das restliche Wasser heraustupfen, das nennt man gautschen, und so den Brei vom Schöpfrahmen lösen.

Das Papier zum Trocknen aufhängen oder auf eine Heizung legen.

Tipp

Wer dem Papier Farbe verleihen möchte, gibt etwas Wasserfarbe zur Pulpe hinzu. Ein paar Spritzer Lebensmittelfarbe eignen sich auch.

Einfache Grußkarten
mit Masking-Tape

Eine superschnell gemachte Grußkarte für ganz Eilige.

Alles, was man hierzu neben gepressten Pflanzen braucht, sind Blanko-Grußkarten – ob einfache oder welche zum Klappen, das bleibt der eigenen Vorliebe überlassen oder dem Umfang des hinein-zuschreibenden Textes – und ein schönes Masking-Tape. Damit die Blume das Highlight der Karte bleibt, empfehle ich ein unifarbenes Tape.
Die Karte vor dem Kleben beschriften, sonst erschweren die Uneben-heiten das Schreiben.
Dann die Pflanze auf der Vorderseite platzieren, mit einem Streifen Masking-Tape festkleben und fertig ist die Karte.
Sollte die Pflanze zu üppig sein oder nach vorne abkippen, kann man sie noch mit einem Tropfen Flüssigkleber oder weiteren Streifen Masking-Tape fixieren.

Material
- gepresste Pflanzen mit Stiel
- unifarbene Büttenkarten mit passenden Umschlägen
- unifarbenes Masking-Tape

Tipp
Diese Idee lässt sich auch wunderbar für die Weihnachtspost umsetzen. Einfach im späten Herbst entsprechend viele Blüten oder Blätter sammeln, pressen und später mit einem goldenen oder silbernen Masking-Tape auf farblich passende Karten kleben.

Grußkarten
mit Zeichnung

Material
- gepresste Blüten
- unifarbene Büttenkarten mit passenden Umschlägen
- Decoupage-Kleber
- Pinsel
- feiner Tusche-Stift oder Fineliner
- Filzstifte oder Aquarellfarbe
- Bleistift und Radiergummi

Tipp
Auch hier wieder die Karte erst beschriften, dann die Blüten aufkleben.

Luftballons aus Blumen steigen lassen. Mit nur einer Handvoll Blüten und ein paar Strichen ist eine Karte gestaltet, über die sich Große und Kleine freuen. Und keine Sorge, eine Schleife zeichnen kann jeder!

Auch bei diesen Karten bleibt es der eigenen Vorliebe und der Textfülle überlassen, ob man einfache Karten oder Klappkarten verwendet.

Als Erstes wird die Schleife im unteren Drittel auf die Karte gezeichnet. Wer sich unsicher ist, macht zunächst ein paar Versuche auf Schmierpapier und zeichnet mit Bleistift vor.

Ist die Schleife mit dem Stift auf das Papier gebracht, werden die Blüten auf der Karte platziert und die Schnüre der «Ballons» von dort aus so gezeichnet, dass sie sich unten im Knoten der Schleifen treffen. Die Linien werden unterhalb der Schleife fortgesetzt. Es macht gar nichts, wenn die unteren Enden nicht exakt dem Verlauf der oberen Linien entsprechen. Nur die grobe Richtung und Anzahl sollten stimmen.

Alles, was jetzt noch von der Vorzeichnung mit Bleistift zu sehen ist, wird wegradiert und die Schleife koloriert. Mit Filzstiften oder Aquarellfarben, es können auch Textmarker oder Buntstifte sein, je nachdem, welche Farbe die Schleife bekommen soll und was farblich zu den verwendeten Blüten passt.

Zum Schluss werden die Blüten mit Decoupage-Kleber festgeklebt. Dazu die Rückseiten dünn mit dem Kleber einpinseln und vorsichtig auf die Karte drücken.

3-D-Grußkarten

Grußkarte mit Wow-Effekt. Eher eine Installation als ein Schreib-utensil.

Bei dieser Karte sollte man unbedingt den Text vor dem Bekleben draufschreiben, da man ansonsten Gefahr läuft, die filigranen Blüten zu zerreißen oder abzubrechen.

Nun wird der Pinsel geschwungen und die Vorderseite der Karte in leuchtendem Pink bemalt. Dafür wenig Wasser, aber viel Farbe ver-wenden.

Ist die Farbe getrocknet, werden die Blüten erst einmal zur Probe verteilt und so lange hin- und hergeschoben, bis die Verteilung ein gleichmäßiges Bild ergibt. Unbedingt Zwischenräume zwischen den Blüten lassen, damit die Farbe hindurchleuchten kann. Die äußeren Blüten dabei etwas über den Kartenrand hinausragen lassen – das bringt die Blütenform besser zur Geltung.

Ist die Anordnung stimmig, werden die Blüten zur Seite gelegt und nun nacheinander aufgeklebt. Man fängt mit der zuunterst liegenden Blüte an und bringt etwas Kleber in der Mitte der Rückseite auf. Dann wird die Blüte vorsichtig auf den vorgesehenen Platz gedrückt, festge-klebt und man macht mit der nächsten weiter.

Da der Klebstoff nur mittig auf die Blüte aufgebracht wird, werden die Blütenblätter nicht platt aufgeklebt, sondern stehen an den Rändern leicht ab und verschaffen der Karte damit etwas Dreidimensionales.

Material
- gepresste Hortensien-blüten in verschiedenen Größen
- weiße Klappkarte in A 6
- Aquarellfarben in Pink
- Pinsel
- Klebestift
- Schmierpapier

Tipp
Nicht jeder Klebstoff ver-trägt sich mit den Blüten. Manche Klebstoffe lassen die Blütenblätter braun und schrumpelig werden. Am besten vorher an einer einzelnen Blüte testen.

Grußkarten mit Initiale

Diese Karte ist eine schöne und individuelle Art, zu Hochzeit, Taufe oder Ähnlichem zu gratulieren. In einen Bilderrahmen gerahmt, erinnert sie auch später noch an das Ereignis.

Für diese Karten eignen sich größere Karten in A5 besonders gut, da man einfach mehr Platz zur Verfügung hat, um verschieden große Blüten unterzubringen.

Ruhig auch Blüten mit kleinen Stielen und Blättchen mit in die Gestaltung aufnehmen, das verleiht den Buchstaben mehr Lebendigkeit.

Bevor die Blüten drapiert werden, wird die Initiale mit Bleistift dünn vorgeschrieben. Dabei darauf achten, oben und unten genügend Abstand zu lassen, damit ein Rand um die Blütenbuchstaben bleibt.

Nun werden die Blüten auf den vorgezogenen Linien hin- und hergeschoben. Ausprobieren, welche Blüte wo am besten harmoniert, sich dem Schwung anpasst und ein gleichmäßiges Gesamtbild abgibt.

Dann die Blüten – eine nach der anderen – rückseitig mit dem Kleber einpinseln, an ihren Platz kleben und trocknen lassen.

Material
- gepresste Blüten
- weiße Büttenkarten mit andersfarbigen Umschlägen in A5
- Pinzette
- Decoupage-Kleber
- Pinsel
- Bleistift und Radiergummi

Tipp
Wer mag, kann sich auch an anderen Schrifttypen versuchen und Serifen oder Schnörkel mit ins Spiel bringen. Dazu eignen sich ganz kleine Blüten, z. B. von Eisenkraut oder Vergissmeinnicht, sehr gut.

Geschenkanhänger

Material
- gepresste Pflanzen (Klee, Algen, Blüten und Blätter mit Stiel)
- Reste von Bastelkarton oder festem Papier
- Schere
- Masking-Tape
- Garn oder Band
- Locher
- optional: Eckenstanze

Tipp

Wenn man schon einmal dabei ist, lohnt es sich, gleich mehrere Anhänger anzufertigen. Macht erstens Spaß und zweitens kann man so bei Bedarf auf den Bestand zurückgreifen.

Ich habe nicht nur einen ziemlich großen Stapel einseitig bedruckter Papiere und Briefe, die mir als Schmierpapier dienen. Ich hebe auch kleinere Reste von unbeschrifteten Kartons, Grußkarten-Rückseiten etc. auf. Aus denen lassen sich nämlich ganz einfach schöne Geschenkanhänger machen, die auch in letzter Minute noch schnell gezaubert werden können.

Die Größe der Geschenkanhänger orientiert sich in erster Linie am Geschenk, in diesem Fall aber auch an der Pflanze, die verwendet werden soll.

Aus einem Rest dünnem Karton wird ein Rechteck, etwas größer als die Pflanze, ausgeschnitten. Am oberen Rand mittig lochen und, wenn vorhanden, die Ecken mit einer Eckenstanze abrunden. Ansonsten mit der Schere schräg abschneiden.

Nun wird die gepresste Pflanze mit einem Streifen dünnem Masking-Tape auf den Anhänger geklebt. Wer kein schmales Tape zur Hand hat, schneidet einfach mit der Schere aus normal breitem Tape zwei schmale Streifen.

Jetzt noch ein Bändchen durch das Loch ziehen – und fertig ist der Geschenkanhänger.

Wer eine Kreisstanze zur Hand hat, kann auch ganz einfach runde Geschenkanhänger ausstanzen.

Geschenkanhänger
aus lackierten Blättern

Material
- gepresstes Laub
- besondere Papierreste
- getrocknete Zweiglein
- Kraftpapier
- wasserbasierter Sprühlack
- Buchstabenstempel
- Stempelkissen
- Schmuckdraht
- Zange
- Locher
- alte Zeitung

Tipp

Wer keinen Sprühlack im Haus hat, kann sich auch mit Acrylfarbe oder Abtönfarbe behelfen.

Die etwas opulentere Form des Geschenkanhängers ...

Die Hälfte der Blätter wird lackiert. Dazu die Zeitung ausbreiten, Blätter darauf verteilen und einseitig besprühen. Ist der Sprühlack kein wasserbasierter, geruchsarmer Lack, sollte diese Prozedur unbedingt an einem windstillen Ort im Freien durchgeführt werden. Während der Lack trocknet, kann man schon mal das Kraftpapier zurechtschneiden. Bei der Größe orientiert man sich an den vorhandenen Buchstabenstempeln und am zu stempelnden Text. Für größere oder zahlreiche Buchstaben eignet sich zum Beispiel eine einfache Blattform. Wer hier nicht freihändig arbeiten möchte, behilft sich einfach mit einem Laubblatt, zeichnet die Außenkanten auf dem Papier nach und schneidet das Papierblatt aus. Dann wird selbiges am linken Rand gelocht und bestempelt.

Ist das Papier fertig vorbereitet und das lackierte Laub getrocknet, wählt man ein dazu passendes unlackiertes Blatt sowie ein getrocknetes Zweiglein aus und fasst alles wie ein kleines Sträußchen zusammen. Das Papier wird auf die beiden Laubblätter gelegt, das Zweiglein durch die Lochung gesteckt. Alle drei Stiele werden dann mit dem Schmuckdraht fein säuberlich umwickelt – und fertig ist der etwas andere Geschenkanhänger.

Geschenkverpackung
mit gefärbten Pflanzen

In unserem Haushalt gibt es Unmengen an unterschiedlichen Farben: von Filzstiften über Wasserfarben, Abtönfarben, Kreidestiften, Markern bis hin zu diversen Lacken und Sprühdosen ist alles vorhanden. Warum also nicht auf das zurückgreifen, was schon da ist?

Gepresste Pflanzen lassen sich auf vielfältige Weise einfärben. Hier kann man seiner eigenen Kreativität und Neugierde freien Lauf lassen und einfach mal herumexperimentieren: Welche Farben eignen sich für welche Oberflächen, welche Pflanzen wirken mit welchem Effekt am besten?

Für glatte Oberflächen zum Beispiel sind Filzstifte, Tusche oder Marker eine gute Wahl, für raue Pflanzenzweige und unebene Blatt- und Pflanzenstrukturen hingegen sind Sprühfarben oder Farben, die mit dem Pinsel aufgetragen werden, eher das Richtige. Auch Aquarellfarben können eingesetzt und beispielsweise hervorragend zum Nachfärben von Blüten benutzt werden.

Beim Arbeiten mit Stift und Pinsel empfiehlt es sich, sehr behutsam vorzugehen: Zu starker Druck auf dem Werkzeug beschädigt leicht Blätter und Blüten.

Wer es nicht nur bunt, sondern auch glitzernd mag, der besprüht ein möglichst großflächiges Blatt mit Sprühkleber und lässt Glitzer darauf rieseln. Trocknen lassen und auf dem Geschenk befestigen.

Bei allen Farben unbedingt daran denken, großzügig Zeitungen unterzulegen.

Diese «Arbeiten» machen übrigens schon Kinder großen Spaß!

Material
- gepresste Pflanzen mit Stiel
- Lackstifte, Sprühlack, Filzstifte, Glitzerstaub u. Ä.
- Sprühkleber
- Pinsel
- Schmierpapier oder alte Zeitung
- unifarbenes Geschenkpapier
- Bändchen oder Kordel

Tipp
Wer sich unsicher ist und keine Unmengen an gepressten Pflanzen zur Hand hat, probiert die Farben erst an den nicht so schön gepressten Exemplaren aus.

Geschenktüten

Es muss nicht immer die klassische Geschenkverpackung sein. Selbstgemachte Geschenktüten eignen sich gut für Kleinigkeiten und Mitbringsel und sind superschnell gefaltet. Fehlt nur noch die Füllung.

Je nach Größe der Buchseiten gibt es zwei Möglichkeiten, die Geschenktüten zu falten: Hat man kleinere Exemplare zur Hand wie beispielsweise aus Taschenbüchern oder Reclam-Heften, legt man einfach zwei Buchseiten aufeinander und klebt diese an den Längskanten mit Masking-Tape zusammen.

Hat man eine größere Seite, schlägt man diese um und verbindet deren Längskanten, ebenfalls mit Masking-Tape, wie eine Rückennaht mittig miteinander.

Die Technik, den Boden der Tüten zu falten, ist bei beiden Varianten gleich: Man legt den zusammengeklebten Tütenrohling hochkant vor sich hin und klappt das untere Ende der Tüte (ca. 1/5) nach oben. Nun wird das jetzt oben liegende Papier dieser Faltung wieder nach unten geklappt, dadurch entstehen an den Seiten zwei nach innen geklappte Dreiecke, die nun flach gedrückt werden. Jetzt sieht die Faltung am Boden aus wie zwei horizontal gespiegelte Trapeze. Die oberen und unteren horizontalen Kanten dieser Trapeze bis knapp über die Mittellinie nach innen klappen, sodass sie sich leicht überlappen, und dann ebenfalls mit Masking-Tape festkleben.

Nun ist die Tüte fertig und wird bestempelt. Tüte auffalten und befüllen. Eine Mini-Wäscheklammer hält das gepresste Blatt am oberen Rand fest und verschließt gleichzeitig das Geschenktütchen.

Material
- gepresste Farne, Blätter
- ausrangierte Bücher
- Masking-Tape
- Stempel
- Stempelkissen
- Mini-Wäscheklammern

Tipp
Je nach Stempelmotiv und -farbe lassen sich diese Geschenktüten auch für viele andere Gelegenheiten und Stimmungen gestalten.

Eine detaillierte Anleitung gibt es unter www.studio-karamelo.com/geschenktueten

Geschenkboxen

Statt Geschenkpapier sind Geschenkboxen eine schöne Alternative: Man kann sie nicht nur weiterverschenken und mehrmals benutzen, sie sind auch ein schöner Aufbewahrungsort für Haargummis oder anderen Kleinkram.

Diese Geschenkboxen sind schnell verziert. Man nehme Kästchen aus Pappe oder Holz, Pinsel, Kleber und natürlich gepresste Blüten. Hier gilt auch wieder: Je dünner die Pflanze ist, umso besser lässt sie sich aufkleben. Blüten vom Hibiskus zum Beispiel eignen sich sehr gut und sehen auch im gepressten Zustand toll aus.

Je nach Größe der Schachtel kann man auch mehrere Blüten arrangieren oder sogar Muster legen.

Mithilfe des weichen Pinsels wird die Blüte rückseitig dünn mit Kleber bestrichen und behutsam auf den Deckel der Box geklebt.

Mit der Pinzette werden eventuelle Falten oder umgeklappte Blütenteile korrigiert. Hier sollte man vorsichtig, aber zügig arbeiten, denn der Kleber trocknet schnell.

Anschließend nur noch trocknen lassen und die fertige Box befüllen.

Material
- gepresste Pflanzen
- Papp- oder Holzkistchen
- Decoupage-Kleber
- Pinsel
- Pinzette
- Schmierpapier

Tipp
Die Schachteln sind nicht nur zum Verschenken schön, als Reise-Schatzkiste sind sie auch ein hübscher Aufbewahrungsort für Fundstücke aus dem Urlaub. Am besten mit einer vor Ort gepflückten Blume obendrauf.

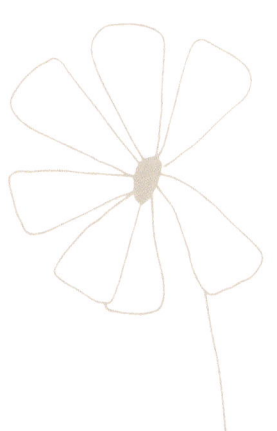

Lesezeichen
mit Troddeln

Material
- gepresste Pflanzen
- Reste von festem Papier oder Bastelkarton
- Laminiergerät oder Copy-Shop in der Nähe
- Masking-Tape in verschiedenen Farben
- Eckenstanze oder Nagelschere
- Locher oder Lochzange
- Baumwollgarn in unterschiedlichen Farben
- Schere
- platt gedrückte Toilettenpapierrolle

Tipp
Falls diese Anleitung nicht verständlich genug war: Unter Bezugsquellen gibt es einen Link zu einem guten Video.

Ein Lesezeichen kann man immer gebrauchen – oder? Ich lese immer mal wieder mehrere Bücher zur selben Zeit, und ständig fehlt irgendwo ein Lesezeichen. Sei es, weil es hinters Bett gefallen ist, in einem anderen Buch steckt oder von jemandem stibitzt wurde. Dann müssen irgendwelche Zettel, die in greifbarer Nähe liegen, herhalten. Das geht schöner!

Zunächst werden Streifen aus den Papierresten geschnitten. Je nach Umfang der gepressten Pflanze fallen die Streifen breiter oder schmaler aus. Dann die Pflanzen einfach mit einem farblich passenden Masking-Tape auf die Papierstreifen kleben.

Besitzt man ein eigenes Laminiergerät und die dazu passenden Folien, legt man die Papierstreifen zwischen die Folie und schiebt diese durch das Laminiergerät. Unbedingt darauf achten, dass keine Haare, Staub oder Ähnliches mit unter die Folie geraten.

Hat man kein Laminiergerät zu Hause, hilft der nächste Copy-Shop weiter.

Nachdem die Lesezeichen laminiert und die Ecken mit der Stanze oder der Nagelschere abgerundet sind, wird das Ganze an der oberen Kante mittig gelocht.

Nun sucht man ein bis drei zum jeweiligen Lesezeichen passende Garne aus und beginnt mit dem Wickeln der Troddel.

Das Garn wird hierzu 30- bis 40-mal um die kurze Seite der platt gedrückten Toilettenrolle gewickelt und das Ende abgeschnitten. Von diesem Garn wird nun noch ein weiteres Stück von etwa 10 cm Länge

abgeschnitten, unter dem gewickelten Garn durchgezogen und an der oberen Kante der Rolle verknotet. Nun wird das gewickelte Garn an der unteren Kante aufgeschnitten. Ein drittes Stück Garn von etwa 20 cm Länge wird abgeschnitten, es soll als Aufhängeband dienen und wird mit einer Schlaufe zuerst durch das gelochte Lesezeichen gezogen. Die Enden werden an dem bereits verknoteten zweiten Garn festgeknotet und beide Knoten unter die Fransen gezogen.

Das Ganze sieht jetzt schon ziemlich nach Troddel aus und muss nur noch abgebunden werden.

Hierzu einen etwa 30 cm langen Abbindfaden von einer zweiten Garnfarbe abschneiden und den Troddel knapp unterhalb der Aufhängung abbinden. Die Enden dieses Fadens sorgfältig verknoten und den Knoten unter der Abbindung verstecken.

Zu guter Letzt werden die Fransen des Troddels am unteren Ende auf die gleiche Länge gestutzt.

Klemmbrett
für Einkaufszettel

Material
- gepresste Blätter
  (z. B. Ackertäschel,
  Schafsgarbe, Farn)
- sehr feste Pappe,
  ca. 25 x 12 cm
- besondere Papierreste
- Cutter oder
  Schneidemaschine
- Eckenstanze
- Decoupage-Kleber
- Pinsel
- Klarlack
- Heiß- oder Kraftkleber
- Papierklammer
- Schmierpapier

Tipp
Wer keine Eckenstanze zur
Hand hat, kann die Kanten auch mit Schleifpapier
abrunden und glätten.

Für alle Listenschreiber! Ich sammle Blätter, die nur einseitig beschrieben sind, falsch ausgedruckt wurden oder erledigte Briefe, um sie als Schmierpapier zu benutzen. Auch für Einkaufslisten verwende ich diese Blätter, halbiert oder gedrittelt, je nachdem, wie viel Platz auf der Liste sein muss.

Das Ausgangsmaß für dieses Projekt ist ein quer gedritteltes DIN-A4-Blatt, also ein Blatt von 21,5 x 10,5 cm. Die Pappe sollte dementsprechend etwas größer ausfallen, nach oben hin Platz für die Klammer bieten und etwas Spielraum an den Seiten. Wer größere oder kleinere Zettel benötigt, passt die Größe entsprechend an.
Die Pappe wird mit der Schneidemaschine oder einem Cutter auf das Maß zurechtgeschnitten und die Ecken werden mithilfe der Stanze abgerundet. Dann die Stelle mit Bleistift markieren, wo die Klammer später sitzt, und das Papier – gerissen, geschnitten, quer oder längs – auflegen. Das ist in diesem Fall ein Rest von einem alten Rechenblock. Jetzt werden die Zweige arrangiert. Sieht alles gut aus, wird geklebt. Zuerst das Papier, dann das Grün. Zwischendurch kurz trocknen lassen und vor allem das Papier glatt drücken, falls es beginnt sich zu wellen. Wenn alles fest und trocken ist, mit mindestens einer Schicht Klarlack überziehen, damit Brett und Pflanzen geschützt und nicht so empfindlich sind. Das Brett will ja schließlich auch benutzt werden.
Ist auch der Lack getrocknet, wird die Klammer mit Heiß- oder Kraftkleber aufgeklebt.

Einfacher Wandkalender

Material

- gepresste Blüten und Blätter aus unterschiedlichen Jahreszeiten
- 13 Blatt Aquarellpapier in A4 (300 g/qm²)
- Stift
- Kordel
- Locher
- Decoupage-Kleber
- Pinsel
- Schmierpapier

Tipp

Wer den Kalender nicht selbst schreiben möchte, kann die Vorlage auf meiner Website unter www.studio-karamelo.com/wandkalender herunterladen.

Die entschleunigte Variante zu digitalen Kalendern und prall gefüllten Timern: ein klassischer Wandkalender, der mit Pflanzen durch das Jahr begleitet.

Wenn man nicht schon bereits einen größeren Fundus an gepressten Pflanzen angelegt hat, so erfordert dieser Kalender ein wenig Vorbereitungszeit – und Überlegung: Welche Blume blüht zu welcher Jahreszeit, welches Grün passt zum Januar und welche Pflanze symbolisiert den Mai? So kann man sich schon im Vorjahr auf die kommenden Monate vorbereiten und freuen.

Ich empfehle als Grundlage für die Kalenderblätter ein kräftiges Aquarellpapier, da es eine schöne Haptik, Stärke und Struktur hat. Mit dem Stift werden die Daten des kommenden Jahres in Schönschrift in ein vorher festgelegtes Raster, beispielsweise ein Quadrat, geschrieben.

Nun müssen die Seiten nur noch mit den Blumen verziert werden. Dazu werden die Rückseiten der gepressten Pflanzen der Reihe nach auf dem Schmierpapier mit Decoupage-Kleber bepinselt und auf die entsprechende Kalenderseite geklebt. Lieber etwas weniger Kleber benutzen und gegebenenfalls noch mal vorsichtig nacharbeiten, bevor der Klebstoff an den Seiten austritt und unschöne Flecken auf dem Papier hinterlässt.

Sind alle Monate bestückt, werden die Seiten in die richtige Reihenfolge gebracht und in der Mitte oben gelocht. Eine kräftige Kordel wird durch die Lochung gefädelt, verknotet und aufgehängt.

August

SO	MO	DI	MI	DO	FR	SA
					1	2	3
4	5	6	7	8	9	10
11	12	13	14	15	16	17
18	19	20	21	22	23	24
25	26	27	28	29	30	31

DEKORATION

Lackierte Girlande

Material
- gepresste Blätter
- feiner Basteldraht
- Sprühlack
- Zeitungspapier
- Zange

Tipp

Bei filigranen Blättern oder Farnen muss man darauf achten, den Lack nicht zu dick aufzusprühen, da sich die feinen Enden der Blätter sonst wellen.

Eine festliche Dekoration für Wand und Tisch.

Ein geruchsfreier Sprühlack auf Wasserbasis ist am besten für dieses Projekt geeignet. Er schont nicht nur Nase und Augen, man kann mit ihm auch in Innenräumen arbeiten und muss sich so nicht auf die Suche nach einer absolut windstillen Ecke im Außenbereich machen. Die Blätter werden als Erstes auf dem großzügig untergelegten Zeitungspapier ausgebreitet. Je nach Räumlichkeit empfiehlt es sich, das Papier an den Seiten etwas hochzuziehen, damit man nicht aus Versehen die Umgebung mit lackiert.

Bevor es an das Lackieren geht, wird die Sprühdose sehr gründlich geschüttelt und auf einem Stück Papier oder Pappe, was gerade zur Hand ist, Probe gesprüht.

Nun sind die Blätter an der Reihe und werden gleichmäßig lackiert. Gut trocknen lassen, bis nichts mehr klebt, und dann die Rückseite besprühen.

Sind die Blätter von beiden Seiten lackiert und getrocknet, kommt der farblich passende Basteldraht zum Einsatz. Ein Stück Draht abrollen – aber noch nicht abschneiden! –, ein paar Zentimeter am Anfang stehen lassen, dann das erste Blatt befestigen. Dazu wird der Stiel des Blattes mehrfach und gleichmäßig mit dem feinen Draht umwickelt. Wieder einige Zentimeter frei lassen und das nächste Blatt einwickeln.

Die Girlande wird so lange, wie Blätter vorhanden sind bzw. wie sie für den Einsatzort gebraucht wird.

Ringschälchen

Material

- gepresste Pflanzen
- lufttrocknende Modelliermasse
- kleines Nudelholz
- Glas oder Schüssel
- Skalpell oder Messer
- feines Schleifpapier
- grüner Metallic-Lack
- Klarlack
- Pinsel
- abwischbare Arbeitsunterlage

Selbst gemachte Ringschälchen sind ein schönes Geschenk und ein Hingucker im Bad oder auf dem Tisch. Außerdem sind sie gar nicht so schwer zu machen, wie man auf dem ersten Blick vermuten mag. Modelliermasse ist sehr gnädig ...

Die Frage nach der Größe des Ringschälchens sollte als Erstes beantwortet werden. Wozu genau soll es später genutzt werden? Soll es Platz für viel Schmuck bieten oder vielleicht nur für einen einzelnen Ring?

Je nach Antwort wird ein Glas o. Ä., das von der Größe her dem späteren Schälchen ungefähr entspricht und als Ausstecher dienen soll, ausgewählt. Die gepresste Pflanze sollte natürlich auch dieser Größe entsprechen.

Für den Anfang nimmt man ein Stück Modelliermasse und rollt es zwischen den Händen zu einer Kugel, die im Anschluss auf der Arbeitsunterlage gleichmäßig dünn mit dem Nudelholz ausgerollt wird. Reicht es von der Größe nicht, nimmt man noch etwas Modelliermasse hinzu und rollt alles noch mal zu einer Kugel.

Jetzt kommt das Glas zum Einsatz und wird wie ein Plätzchenausstecher benutzt. Die Modelliermasse mithilfe des Messers vorsichtig vom Glas lösen und wieder auf die Unterlage legen.

Nun wird die Pflanze mit den Fingern auf dem Rund platziert und vorsichtig mit dem Nudelholz festgerollt. Eventuell muss erneut mit dem Glas nachgestochen werden.

Dann sind die Ränder an der Reihe: Man nimmt die Kanten zwischen Daumen und Zeigefinger und zieht die Ränder gleichmäßig nach oben. Da das Ringschälchen später keine Flüssigkeiten beherbergen soll,

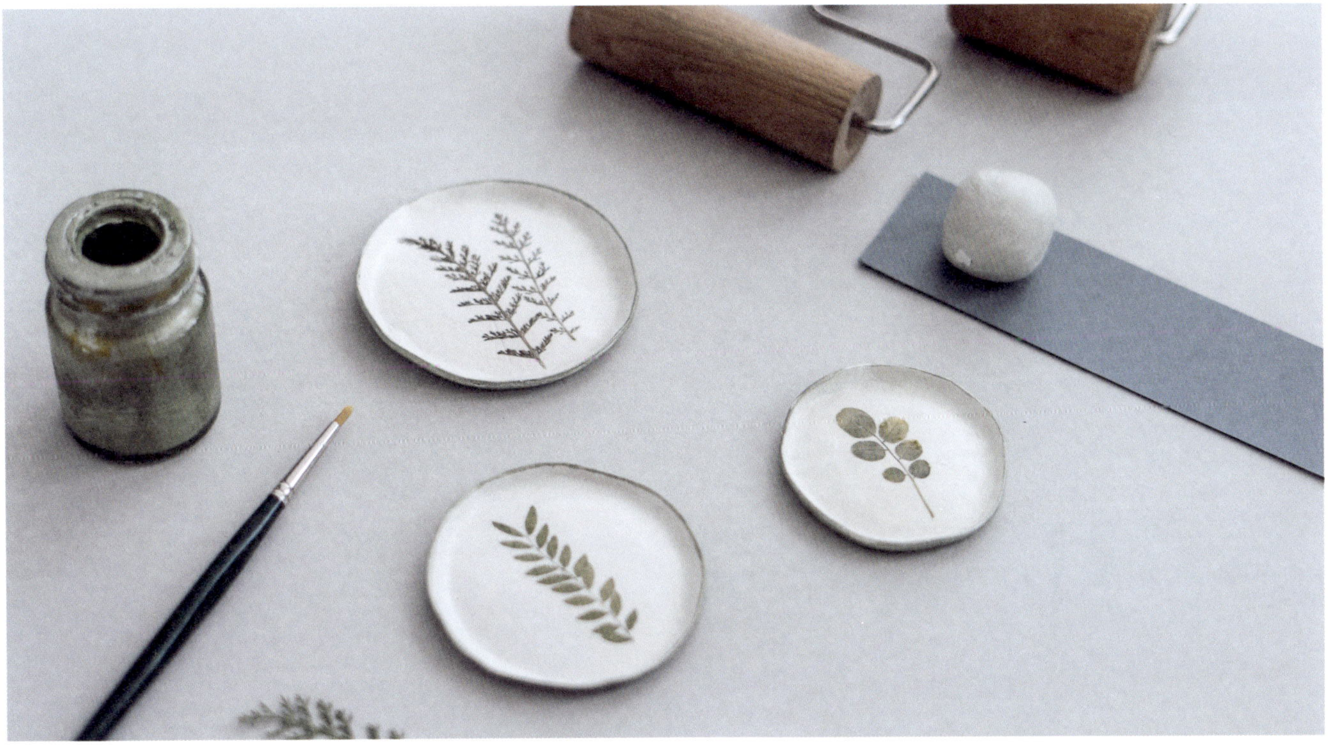

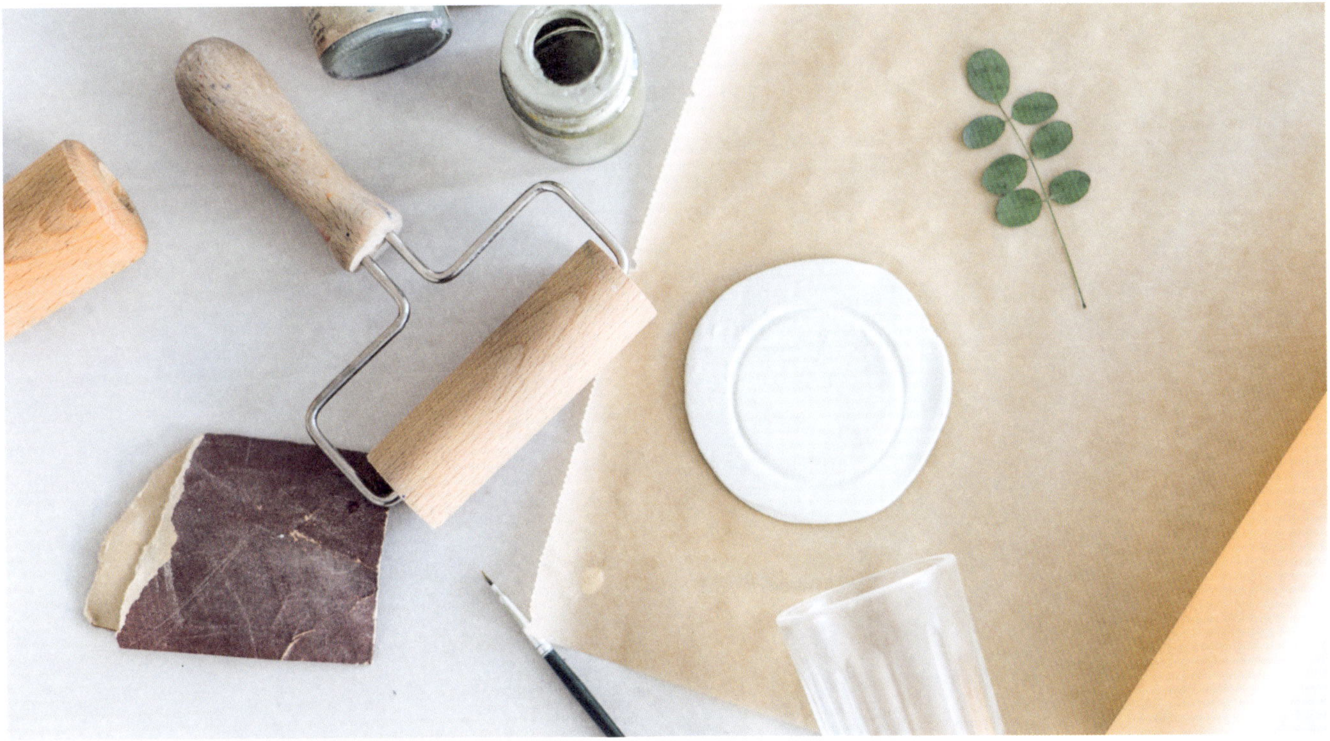

müssen sie nicht sehr hoch sein. Mit Daumen und Zeigefinger streicht man nun noch einmal die Ränder entlang, glättet sie und korrigiert Unebenheiten. Bei ganz hartnäckigen Unebenheiten wird der Finger leicht befeuchtet. Hat das Schälchen die gewünschte Form, lässt man es ca. 12 bis 24 Stunden lufttrocknen. Um Rissen vorzubeugen, nicht in die Sonne oder auf die Heizung legen.

Erst wenn die Masse vollständig durchgetrocknet ist, wird mit der Weiterverarbeitung begonnen.

Wenn nötig, das Schälchen mit feinem Schleifpapier abschleifen. Anschließend den Staub gut abpusten oder mit einem Pinsel entfernen.

Abschließend kommt der Klarlack zum Einsatz. Das Schälchen wird sowohl von der Unter- als auch von der Oberseite lackiert. Ist auch der Klarlack getrocknet, werden die oberen Kanten der Ränder und die Unterseite mit dem Metallic-Lack lackiert. Für die Kanten benutzt man am besten einen sehr feinen Pinsel, damit man nicht aus Versehen das Innere des Schälchens mitstreicht. Wiederum gut trocknen lassen – und benutzen.

Tipp
Auch wenn es naheliegend erscheint und kein anderer Klarlack im Haus ist: Auf keinen Fall Nagellack als Ersatz benutzen. Der Geruch hält ewig und verdirbt die Freude an dem schönen Schälchen.

Filigranes Mobile
mit gewachsten Herbstblättern

Material
- gepresstes Herbstlaub, z. B. vom Wilden Wein
- Kupferdraht
- feine Zange
- Wachspapier
- Bügeleisen
- Küchenpapier oder altes Tuch
- Bindfaden
- Nadel
- Eimer, Topf o. Ä.

Tipp
Unterschiedliche Farbnuancen lassen das Mobile besonders gut wirken.

Dieses Mobile lebt von seinem handgemachten Charme. Hier geht es nicht um akkurate Bastelarbeit. Gerade das Unperfekte ist es, das dieses Projekt so besonders macht.

Den Umfang des Mobiles bestimmt sein späterer Einsatzort. Über der Babywiege braucht es sicherlich einen geringeren Durchmesser als beispielsweise eines, das inmitten eines Raumes hängen wird.

Mit einem entsprechend langen Stück Basteldraht wird zuallererst ein Kreis geformt. Um eine stabile Aufhängung zu ermöglichen, ist es wichtig, dass vier Schlaufen fest mit dem Draht verbunden sind bzw. direkt aus ihm geformt werden.

Zum groben Abformen des Kreises kann man einen Eimer, einen Topf o. Ä. in der entsprechenden Größe als Hilfsmittel nutzen.

An vier gegenüberliegenden Punkten werden dann aus dem Draht kleine, nach außen stehende Schlaufen mithilfe der Zange in den Kreis eingedreht. Falls der Draht dabei an Topf oder Eimer abrutscht, fixiert man ihn kurzerhand mit etwas Klebeband.

Die Enden des Drahtes werden ebenfalls mithilfe der Zange eng um den Kreis verschlungen.

Vier gleich lange Stücke Draht werden nun am unteren Ende zu kleinen Haken aufgebogen. Diese sollen in die Schlaufen des Drahtkreises eingehakt werden.

Die oberen Enden der vier Drähte werden gleichmäßig ineinander verschlungen und ebenfalls zu einer Schlaufe gedreht. Hieran wird die Aufhängung befestigt.

Das Gerüst des Mobiles ist nun fertig.

Als Nächstes werden die Blätter eingewachst.
Dazu werden sie zwischen zwei Lagen Wachspapier platziert, und zwar so, dass die gewachsten Seiten innen liegen. Damit das Bügeleisen
nicht mit Wachs verschmutzt wird, legt man
am besten ein altes Tuch oder Küchenpapier
auf das Wachspapier.

Das Ganze wird ohne Dampf, dafür aber mit
Druck ein paar Sekunden lang von jeder Seite
gebügelt. Nun sollten die Herbstblätter eine
feine Schicht Wachs angenommen haben und
können aus dem Papier getnommen werden.
Falls nicht, muss der Vorgang wiederholt
werden.

Dann werden die Blätter einzeln aufgefädelt
und mit unterschiedlich langen Fäden am
Drahtkreis befestigt.

Komme
heute
später !
K.

Magnete

Magnete haben sich in unserer Küche bewährt. Ob an der Dunstab-zugshaube oder am Kühlschrank, überall werden Notizen, Bilder der Kinder, Einladungen, Postkarten oder Stundenpläne von Magneten gehalten.

Die gepressten Blüten sollten für dieses Projekt möglichst zart und flach sein, damit sich später beim Zusammenfügen wenig Lufteinschlüsse unter den Cabochons bilden.

Die Blüten werden mit Flüssigkleber auf das glatte Papier aufgeklebt. Um jede Blüte etwas Platz lassen. Man kann beim Kleben ruhig etwas flächiger arbeiten, denn nach dem Trocknen kommt noch eine weitere Schicht Klebstoff auf das Papier. Es empfiehlt sich, die Blüte mitsamt Kleber erst einmal gut trocknen zu lassen. Ansonsten besteht die Gefahr, dass sich die Blütenblätter im Kleber durch das Aufbringen des Cabochons verschieben oder gar einreißen.

Ist die Blüte getrocknet, kommt eine zweite, dünne Schicht Kleber etwa im Durchmesser der Cabochons auf das Papier. Dann wird der Cabochon aufgelegt und gleichmäßig für einige Minuten angedrückt. Dabei sieht man schon, ob sich Luftbläschen unter dem Kunststoff gebildet haben, und kann diese mit veränderter Druckbewegung der Finger verschieben. Den Druck so lange aufrechterhalten, bis keine Bläschen mehr zurück ins Innere wandern. Anschließend komplett austrocknen lassen.

Nun werden abschließend noch die Magnete aufgeklebt und schon kann eine Nachricht für die Liebsten am Kühlschrank hinterlassen werden.

Material

- zarte, gepresste Blüten
- transparenter Flüssig-kleber
- Cabochons
- Magnete
- glatte, etwas dickere Papierreste

Tipp

Falls das Ergebnis nicht so schön geworden ist wie erhofft, kann man das Papier einfach mit einem Skalpell oder Cutter vom Cabochon ablösen und diesen mit lauwarmem Wasser und etwas Spülmittel reinigen.

Stiftegläser

Material
- gepresste Pflanzen
- alte Einmachgläser
- matter, schwarzer Lack
- Decoupage-Kleber
- Pinsel
- Pinzette
- feuchter Lappen
- Unterlage

Tipp
Im Keller nachschauen, ob noch Lackreste vorhanden sind, die man benutzen kann, bevor man in den Baumarkt fährt.
Auch Tafellack eignet sich für dieses Projekt sehr gut und hat den Vorteil, dass man noch etwas auf das Glas schreiben kann.

Auf meinem Schreibtisch tummelt sich eine Vielzahl an Aufbewahrungsbehältnissen für Stifte, Scheren, Pinsel und anderes Gerät.
Um das Ganze etwas ordentlicher und hübscher zu gestalten, habe ich einen Schwung Einmachgläser umfunktioniert.

Als Erstes werden die Gläser lackiert. Dazu eignet sich am besten ein Lack auf Wasserbasis. Erstens atmet man damit beim Arbeiten keine giftigen Dämpfe ein und zweitens kann man den Pinsel im Anschluss so gut reinigen, dass er noch mal benutzt werden kann. Bei anderen Lacken besser direkt an der frischen Luft arbeiten.
Es wird in zwei Schritten lackiert: erst die Flächen, dann die Kanten. Ist das eine getrocknet, kommt das andere an die Reihe. Irgendwo muss das Glas ja schließlich festgehalten werden, ohne dass die Finger nachher auch lackiert sind.
Sind die Gläser vollständig lackiert und getrocknet, kommt der Decoupage-Kleber zum Einsatz: Mit einem Pinsel wird die Rückseite der Pflanze mit Kleber eingestrichen und diese anschließend vorsichtig mit der Pinzette auf das entsprechende Glas aufgelegt und leicht festgedrückt. Tritt Klebstoff an den Seiten hervor, tupft man diesen direkt mit einem feuchten Lappen weg.
Einige Minuten trocknen lassen – fertig ist das Stifteglas.

SCHMUCK

Kette & Ohrringe aus Gießharz

Material

- zarte, gepresste Blüten
- Gießharz
- Handschuhe
- Holzstäbchen
- Klarsichthülle
- Unterlage
- Nadel oder feiner Bohrer
- Ohrringhaken
- Kette
- Ösen
- ggf. Gießform für Schmuck

Tipp

Es empfiehlt sich, das Ganze erst einmal mit einer Blüte zu testen, bevor man eine größere Menge Harz anrührt und dieser dann ungenutzt austrocknet. War der Versuch erfolgreich, kann man sich an die weitere Produktion machen.

Hat man einmal Gefallen am Arbeiten mit Gießharz gefunden, fallen einem tausend Möglichkeiten ein.

Gießharz kann man in eine passende Form gießen (siehe Untersetzter ab Seite 90) oder auch frei verwenden. Dazu benötigt es nicht viel mehr als Gießharz, Blüten und eine Unterlage, von der das Harz später wieder ablösbar ist. Das kann zum Beispiel eine glatte Klarsichthülle oder die durchsichtige Seite eines Schnellhefters sein.

Der Untergrund, auf dem gearbeitet wird, muss dazu komplett eben sein, damit das Harz im flüssigen Zustand ebenmäßig verläuft.

Die einzugießenden Blüten vereinzelt auf die Folie legen, eine kleine (je nach Anzahl der Blüten ca. 20 bis 60 ml) Menge Harz entsprechend der Packungsanweisung anrühren und die Masse nach gründlichem Rühren ganz langsam über die Blüten tropfen. Jede Blüte erhält so ihr eigenes «Bett» aus Gießharz.

Diese erste Schicht muss nun mindestens 24 Stunden trocknen.

Danach wird eine weitere Schicht Gießharz auf jede Blüte aufgetragen. Auch hier wieder tröpfchenweise arbeiten und die Masse mit dem Holzstäbchen vorsichtig verteilen. Das Harz sollte nicht über den Rand der ersten Schicht hinauslaufen. Sind die Blüten alle gut eingebettet, müssen sie wieder mindestens 24 Stunden trocknen.

Nachdem die Harzblüten gut durchgetrocknet und nicht mehr klebrig sind, werden sie von der Folie abgelöst.

Mithilfe einer Nadel oder eines feinen Bastelbohrers wird ein kleines Loch in die Oberseite des Schmuckanhängers gebohrt, und dadurch werden die Ösen für die Ohrringhaken oder die Kette gezogen.

Brosche

Material
- zarte, gepresste Blüten oder Blätter
- Gießharz
- Handschuhe
- Holzstäbchen
- Unterlage
- Nadel oder feiner Bohrer
- Broschennadel
- lufttrocknende Modelliermasse
- Kieselstein
- feines Schmirgelpapier
- Kraft- oder Heißkleber

Tipp
Mit Gießharz immer langsam arbeiten, bei zu schnellen Rühr- und Schüttbewegungen bilden sich Luftbläschen im Harz, die man nachher mühsam wieder entfernen muss.

Aus dem Versuch, Silikonformen durch individuelle, selbst gemachte Formen aus Modelliermasse zu ersetzen, ist ein ganz eigenes Projekt entstanden.

Die Basis dieses Projekts bilden ein wohlgeformter Kieselstein und eine etwas kleinere, gepresste Blüte.

Mithilfe des Kieselsteins wird ein Abdruck aus lufttrocknender Modelliermasse erstellt. Dazu die Masse weichkneten und mit einem halbhohen Rand um den Kiesel legen. Den Stein entnehmen und die abgenommene Form gut durchtrocknen lassen.

Nun die benötigte Menge Gießharz grob abschätzen und nach Packungsanweisung anrühren.

Dann die Pflanze in die Form einlegen und eine erste Schicht Gießharz langsam eingießen. Mit dem Holzstäbchen wird die Pflanze im flüssigen Harz zurechtgerückt, eventuelle Luftbläschen werden zerstochen. Diese erste Schicht muss nun mindestens 24 Stunden trocknen. Ist das geschehen und das Harz nicht mehr klebrig, kann eine weitere Schicht aufgetragen werden, bis die Pflanze vollständig mit Gießharz bedeckt ist.

Sobald auch diese Schicht durchgetrocknet ist, wird der Rand der Abdruckform mit dem Schmirgelpapier abgerundet und geebnet, bis er einen gleichmäßigen Rahmen für die Brosche bildet.

Zu guter Letzt wird die Broschennadel mit Kraft- oder Heißkleber an der Rückseite befestigt.

HOCHZEIT

Maria

Jerôme

Save the Dat
Isabelle & Daniel
25.08.19

Save the Date
Isabelle & Daniel
25.08.19

Hochzeitspapeterie

Material

- gepresste Blüten in zarten Farben
- handgeschöpftes Büttenpapier
- blaue Tusche
- Glas mit Wasser
- Schreibfeder oder ganz feiner Pinsel
- Decoupage-Kleber
- Pinsel

Tipp

Wem die eigene Handschrift nicht gefällt, der kann das Schreiben auch in professionelle Hände geben. Siehe Bezugsquellen.

Statt gedruckter Blüten echte zu verwenden, bedeutet zwar etwas mehr Arbeit, die sich aber bezahlt macht: Ob Einladung oder Tischkärtchen – jede Karte wird zum Unikat.

Den größten Teil dieses Projektes nimmt das Beschriften der Save-the-date-Karten, Einladungen, Menü- und Visitenkarten in Anspruch. Es empfiehlt sich, hier nicht sofort loszulegen, sondern zuerst einige Versuche auf Schmierpapier und dann auf dem Büttenpapier zu machen. Da das handgeschöpfte Papier eine ganz andere Oberflächenstruktur hat als herkömmliches gestrichenes Papier, ist das Schreibverhalten darauf ein ganz anderes und gelingt nicht gleich so flüssig. Vor allem das Schreiben mit einem Pinsel sollte vorab geübt werden. Um den leicht verwaschenen, romantischen Look der Karten zu bekommen, wird die blaue Tusche stark mit Wasser verdünnt.

Sind alle Karten beschrieben, werden die Blüten aufgeklebt. Dazu deren Rückseite mittig mit etwas Decoupage-Kleber bestreichen und die Blüten vorsichtig an die entsprechenden Stellen kleben. Bei Karten, die später in Umschläge gesteckt werden, darf der Kartenrand nicht beklebt werden, damit die Blüten im Umschlag nicht zerreißen.

Bei Karten, die dekoriert werden, wie beispielsweise Menü- oder Tischkarten, kann auch über den Rand hinaus geklebt werden. Optisch wird damit der gerissene Rand des handgeschöpften Papiers noch betont. Durch das nur mittige Ankleben der Blüten bleibt deren Fragilität und Lebendigkeit erhalten.

Einladung zur Hochzeit von

Isabelle & Daniel

Die standesamtliche Trauung
findet am 25.08.2019 um 14 Uhr im
historischen Rathaus Köln statt.
Im Anschluss gibt es einen
Sektempfang vor dem Rathaus.

Ab 18 Uhr freuen wir uns,
mit euch in der Orangerie im Volksgarten
zu essen, zu feiern und zu tanzen!

Save the Date
Isabelle & Daniel
25.08.19

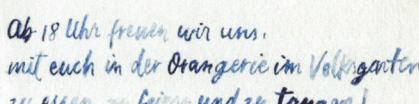

Johan

Patricia

Menü

Vorspeise
Blattsalat mit Wildkräutern
oder
Petersiliencremesuppe
mit Kräuter-Croutons

Hauptspeise
Gebratene Seitlinge
auf Erbsen-Risotto
oder
Gnocchi mit edlem Brokkoli
und geschmolzenen
Kirschtomaten

Nachspeise
Crema Catalana
Aprikosenkompott
oder
Cheesecake mit Himbeeren

Hochzeitsanhänger

Material

- gepresste Gänseblümchen
- lufttrocknende Modelliermasse
- Nudelholz
- runder Plätzchenausstecher oder Glas
- Hochzeitsstempel
- Stempelkissen
- farbiges Garn
- Schere
- dicke Nadel oder Holzstäbchen
- Schmirgelpapier
- transparenter Flüssigkleber
- Backpapier oder Schneidematte

Für Gastgeschenke, Flaschenhälse oder Serviettenringe.

Zuerst die Arbeitsplatte vorbereiten. Dazu den Tisch mit einer Lage Backpapier abdecken und dieses festkleben. Oder einfach eine abwischbare Schneidematte benutzen. Wichtig ist, dass der Untergrund eben ist, alle Unebenheiten hinterlassen Spuren in der Modelliermasse.

Die Modelliermasse zwischen den Händen zu einer gleichmäßigen Kugel formen und mit dem Nudelholz flach ausrollen.

Mit dem Teigausstecher – oder dem Glas – Kreise ausstechen. Unbedingt ein paar mehr ausstechen als eigentlich benötigt, es gibt immer etwas Ausschuss. Die restliche Modelliermasse wieder luftdicht verpacken.

Jeden der Kreise randnah mit der Nadel durchstechen und mit einem Loch versehen. Die ausgetretenen Ränder der Lochrückseiten mit den Fingern verstreichen.

Nun den Stempel auf das Stempelkissen drücken und einige Probedrucke auf Schmierpapier machen, dann vorsichtig auf die Kreise stempeln. Für jeden Abdruck vorher neue Farbe aufnehmen. Sollten sich Reste der Modelliermasse am Stempel festsetzen, zwischendurch mit einem Tuch reinigen.

Die Kreise nun an einem trockenen Ort aushärten lassen. Nicht in die pralle Sonne oder den Backofen stellen, da die Oberfläche zu schnell trocknet und dadurch leicht Risse bekommt.

Nach dem vollständigen Trocknen werden unsaubere Stellen, Ränder und die Rückseiten der Löcher noch mal mit dem Schmirgelpapier geglättet.

Nun Garnstücke von ca. 15 cm Länge abschneiden, durch die Löcher fädeln und verknoten.

Zu guter Letzt werden die Blüten aufklebt. Dazu einen Tropfen transparenten Flüssigkleber oder Sekundenkleber auf eine unbe-stempelte Stelle auf dem Anhänger geben und die Blüte vorsichtig aufkleben.

Tischkärtchen

Noch einfacher geht es kaum – und doch sind diese Kärtchen ein echter Hingucker.

Die gesammelten Farnwedel werden im Ganzen einige Tage lang gut gepresst. Danach mit einer spitzen Schere auseinanderschneiden und die einzelnen Federn mit den Mini-Wäscheklammern an die bereits beschriebenen Tischkärtchen klammern.

Material
- gepresste Farnwedel
- Tischkärtchen
- Schere
- Mini-Wäscheklammern

Blütenkonfetti

Material
- Reste von gepressten Blüten
- transparente Pergamin-Tütchen (ca. 9 x 12 cm)
- Bastelkarton oder festes Papier
- Schere oder Schneidemaschine
- Lineal
- Falzbein
- Bändchen
- Stift
- Masking-Tape

Tipp
Blumenkonfetti ist auch eine schöne und umweltfreundliche Idee für eine Hochzeit. Dazu einfach statt «Konfetti» die Etiketten mit den Namen der Brautleute und dem Datum der Hochzeit beschriften.

Resteverwertung in hübsch. Nicht alle Blumen sehen nach dem Pressen schön aus. Manche fallen auseinander, sind etwas schrumpelig oder haben Fehlstellen. Ich sammle all diese Reste und mache das schönste Konfetti aus ihnen. Und das ist sogar kompostierbar!

Für Blütenkonfetti können alle Blüten und Blätter, die für andere Projekte nicht mehr einsetzbar sind, verwendet werden. Je bunter desto schöner! Wer die essbaren Blüten anderweitig verwenden möchte, findet auf Seite 70 eine Idee dazu.

Die Blütenblätter werden in einer Schale gesammelt und vermischt. Sind sehr große Exemplare dabei, können diese gegebenenfalls durch Reißen zerkleinert werden.

Die Pergamin-Tütchen mit ungefähr derselben Menge Blüten befüllen und dann die Etiketten schreiben.

Dafür dünnen Bastelkarton oder stärkeres Papier in Quadrate schneiden, die der Breite der Tütchen entsprechen. Die Quadrate werden mithilfe des Falzbeins in der Mitte gefalzt und mit dem Stift vorderseitig beschrieben.

Die Etiketten werden nun von oben über die Tüten gelegt und mit einem Röllchen Masking-Tape an der Innenseite festgeklebt. So ist keine Metallklammer an der Tüte und sie kann später komplett in den Papiermüll, falls sie nicht ohnehin noch einmal verwendet wird.

Das Ganze zum Schluss mit einem hübschen Bändchen verschnüren und verschenken.

BEZUGSQUELLEN

Materialien von A bis Z

A

Aquarellpapier/Canson: www.gerstaecker.de

Ätherisches Öl/Primavera: Reformhaus oder Bioladen

B

Bilderrahmen/Vintage: Flohmarkt

Broschennadel/Jewellery Made by Me:
www.idee-shop.com

C

Cabochons, ø 40 mm:
www.etsy.com/de/shop/beadsvision

Cyanotypie, Jacquard/Solarfast: jacquardproducts.com

D

Draht/Schmuckdraht, silber: www.idee-shop.com

Decoupage-Kleber/paper poetry: www.idee-shop.com

E

F

Floating Frames/Doppelglasrahmen: www.mill-living.de

Fimo/staedtler: www.gerstaecker.de

G

Garn/Bäckergarn: www.garn-und-mehr.de

Geschenktüten/Vorlage:
www.studio-karamelo.com/geschenktueten

Gießharz/Glorex Resin Crystal: www.creativ-discount.de

Goldstaub zum Backen/Rainbow Dust Glanzpulver:
www.meincupcake.de

H

Hochzeitsstempel/STUDIO KARAMELO:
www.studio-karamelo.com

Handlettering/Ana Luiza Design & Calligrafie:
www.analuiza.de

I/J

K

Kupferdraht, 0,6 mm: www.idee-shop.com

Kerzen/Stearin-Bio-Stumpen: www.bio-kerzen.de

Kette/Jewellery Made by Me: www.idee-shop.com

Klarlack, wasserbasiert: www.auro-online.de

L

M

Metallic-Lack/VIVA DECOR Maya-Gold:
www.gerstaecker.de

Masking-Tape: www.shop.luiban.com

Magnete/Rico Design: www.idee-shop.com

Modelliermasse/Fimo Air basic: www.gerstaecker.de

N

Natron: Drogeriemarkt

O

Ösen/Spaltring, silber: www.creativ-discount.de

Ohrhaken, silber: www.creativ-discount.de

Objektrahmen/Objekt 17: www.boesner.com

P

Pappboxen/Rico Design: www.idee-shop.com

Pinsel, Kunsthaar: Baumarkt, Kreativmarkt

Pergamin-Tütchen: pergaminhuellen.de

Q/R
S

Schere, Metall, lang: www.mill-living.de

Seifengießform, rechteckig: www.kerzen-und-seife.de

Seife, roh/Glycerinseife opak/Rohseife:
www.kerzen-und-seife.de

Silikonformen für Gießharz: www.creativ-discount.de

Sprühlack, Wasserbasis/Belton free: Baumarkt |
www.spraydosen-shop.de

Stempel/STUDIO KARAMELO: www.studio-karamelo.com

T

Tortenrezepte/Daniela Klein: www.klitzekleinesblog.de

Troddel/Anleitung: www.vimeo.com/122208415

U/V
W

Wachspapier: www.manufactum.de

Wimpernkleber: Drogeriemarkt

Wäscheklammern/Mini Rico Design: www.idee-shop.com

Wandkalender, Vorlage:
www.studio-karamelo.com/wandkalender

X/Y
Z

Zitronensäure: Drogeriemarkt

Über die Autorin

Kathrin Bender kommt von jedem Gang in die Natur mit Blumen zurück. Nach einem Studium der Visuellen Kommunikation und vielen Jahren in der Kunstszene hat sie begonnen, die gepflückten Pflanzen in schlichte Illustrationen aus Bleistift und Tusche zu verwandeln. Aus einem kleinen Label für Stempel und Kunstdrucke wurde STUDIO KARAMELO, ein Designstudio für botanische Illustration und umweltfreundliche Papeterieprodukte.

Wenn Kathrin nicht am Zeichentisch sitzt, Pflanzen presst oder an neuen Produkten arbeitet, verbringt sie ihre Zeit am liebsten im Garten oder mit ihrer Familie und Freunden draußen in der Natur.

www.studio-karamelo.com

1. Auflage 2019

Verlag Freies Geistesleben
Landhausstraße 82
70190 Stuttgart
www.geistesleben.com

ISBN 978-3-7725-2933-7

© 2019 Verlag Freies Geistesleben
& Urachhaus GmbH, Stuttgart
Fotos: Jean-Marie Engel | www.jmdphoto.de
Fotostyling: Katrin Engel | www.nicenicenice.de
Zeichnungen: Kathrin Bender | www.studio-karamelo.de
Umschlaggestaltung: Maria A. Kafitz
Layout & Satz: Katja Schüch, Kircheim unter Teck
Druck: Gorjenski tisk storitve, Kranj
Printed in Slovenia